東北巡霊
怪の細道

高田公太　高野真

竹書房
怪談
文庫

※本書に登場する人物名は、様々な事情を考慮してすべて仮名にしてあります。また、作中に登場する体験者の記憶と体験当時の世相を鑑み、極力当時の様相を再現するよう心がけています。現代においては若干耳慣れない言葉・表記が登場する場合がありますが、これらは差別・侮蔑を意図する考えに基づくものではありません。

まえがき

高田公太

何にでも色がある。

白と黒、灰色。赤色もある。

我々の目にはそれらが織りなす朝の色、夜の色。夜明けの色も見える。

波の色、山の色。心を開けば、風の色が体に巻き付いてくる様も見えるだろう。

怪にも色がある。

この実話怪談集は東北の色で染めた。


本書は私、青森県弘前市在住の高田公太と宮城県仙台市在住の高野真が、それぞれの居住地域で取材した談話を中心に纏めている。

土地の風評被害を避けるため具体的な地名を伏せた話も多いが、もし東北「某」地方の方が本書を手に取れば「ああ、あそこか」と容易に分かるものもあるだろう。

高野君は今作がデビュー作である。是非とも「高野色」も感じていただきたい。

目次

3 まえがき
6 ● boy meets girl
7 ● ゆく年くる年
10 ◆ 山の公園
13 ● 定説通り
17 ● 入りたい
19 ● 夏キャンプの思い出
22 ◆ 良い・悪い
24 ◆ 渋滞
27 ● 青と白
30 ● 予影
32 ● 映し出される
34 ● ひゃっと
37 ◆ セルロイド
45 ◆ 夏の教室

57 ● 温泉宿にて
60 ● 雨降りの女
63 ● 人を轢く
65 ● あしおと
68 ● おともだち
71 ● ナッちゃん
76 ● 来る者拒まず。去る者は……
79 ● つづく
82 ● はじめての
86 ● 添い寝する
89 ● 来る
92 ● 津軽乃怪
96 ● 長月の夜に
101 ◆ 文化は君を彩った
106 ● やめて
107 ◆ 青森乃暖

狂駆 ● 111
駆け足、始め ● 114
服務中異状なし ● 118
教習中 ● 123
やはり出る ● 126
一月二十三日 ● 129
深夜の来客 ● 132
隣怪 ● 134
パジャマパーティー ● 137
二人きり ● 142
ラブホテル ● 145
トンネルの男 ● 149
初ドライブの思い出 ● 151
踏切 ◆ 156
スーパー・リラックス ◆ 158
湯治場にて ● 160
ちべたい ◆ 162
引っ張る夜　二篇 ◆ 164
37 ● 168
逆さごと ● 169
岩木山 ◆ 171
分からずじまい ● 174
下宿の近くの道 ◆ 176
鏡台 ● 180
弥生の空に ● 183
小さいおじさんの話 ● 184
遠野の小さいおじさんの話 ● 188
きらいなたべもの ● 191
論争 ◆ 193
霜月の夜に ● 195
やってくるもの ● 197
畑 ◆ 199
奈良の青森県民 ◆ 203
ほんの少しの大事な思い出 ◆ 214
あとがき 220

◆……高田公太／●……高野真

boy meets girl

麻生さんが、大学生の頃に体験した話である。
朝七時半。試験監督のアルバイトのため、麻生さんは仙台市内へ向かっていた。
国道四号線、岩沼付近。片側二車線の幹線道路である。
麻生さんが運転するミラージュの右側を、大型トラックが並走する。
その後輪に。腹ばいになり、腕を両側にだらんと垂らして女が巻き付いている。
タイヤはぐるぐると回転しているのに、女はそのまま回転もせず平然としている。
車高の関係で、麻生さんの目線のすぐ脇に長い黒髪をたなびかせた女がいる。
何だこれ。
気味が悪くて仕方ないが、どうにも目を逸らすことができない。
そのとき。それまで髪しか見せていなかった頭が〈ぐぐぐ〉と動いた。
女がこちらを向いた。目が、合った。
ひっ――――。顔を引きつらせた麻生さんを見て、女はにこっと笑った。
ものすごく可愛いかった。恋をしてしまいそうなぐらいに。

ゆく年くる年

雪子さんの体験談。

三十年ほど前の出来事である。

大晦日の夜遅く、除夜の鐘も鳴り終わった頃のこと。

ふと口寂しくなった雪子さんは、当時同棲していた彼とともに外へ出た。

目指すは歩いて五分ほどのバス通りにある、煙草の自販機。

もっともバス通りとはいえ、住宅地を貫く狭い道に過ぎない。

年明け早々の深夜は冷える。人も車も往来は絶え、しんと静まり返っていた。

反対側の歩道のわずかばかりの街灯の下には、ぼうっと光を放つ自販機が佇んでいる。

その四角い筐体は、蝋燭《ろうそく》を灯《とも》した行灯《あんどん》のようにも見えた。

「俺、先に渡ろ」

そう言い残すと、彼はさっさと先に行ってしまった。

まもなく、取り残された雪子さんの左側に、長い影が延びた。

闇を貫く二条の光。冷たい空気を震わせる低い音。自動車である。
屋根の上にも明かりが点いているところを見ると、タクシーのようだ。
そのとき、雪子さんのいたずら心にちょっとした火が点いた。
ここで手を振って、彼を呼んでみよう。
客と間違ってタクシーが停まったら傑作だ。
光源はどんどん近付いてくる。
ボディの塗装が分かる。
屋根の上に置かれた行灯のマークが見える。
ダッシュボード上の表示器に、「空車」と書かれているのが読める。
今や。
右腕に力を込める。
その目の前を、わずかな余韻を残して車体が通り過ぎていく。
遠ざかるテールランプを雪子さんは呆然と見送った。
確かに表示器には空車と書いてあったはずだ。
けれども、後部座席には誰かが乗っていた。
幾重にも下ろされた夜の帳《とばり》よりもなお暗い、影絵のような。

ほっそりとして髪の長い、あれは確かに女であった。
車内は真っ暗だった。
けれども、居住まいを正しじっと前を見つめているのを、雪子さんは確かに見た。
「お前は目が悪いんだし見間違いだろ」
彼は冗談めかして言った。
雪子さんはそれを否定する。
眼鏡も掛けていたし、酔ってもいなかった。
元朝《がんちょう》へと向かうタクシーに乗って、彼女はどこへ行こうとしていたのか。

10

山の公園

こんな話を聞いた。

ある晩、莉子さんの友人が、青森県内のとある肝試しスポットからライブ動画を配信した。

そのスポットは山の中にある公園で、昼間はとても長閑《のどか》な場所だ。

そこには観音像や石仏があり、幾つか古いトンネルもある。

『はーい！　今、心霊スポットにいまーす！』

映っているのは莉子さんの友人カップルと他に二人。

手前にカップルがいて、他の二人はカップルの後ろにいた。

どんなメンバーなのか確かめようと、

〈楽しそう（笑）　ところで後ろの二人は誰ー？〉

と莉子さんがコメントを打ったところ、少し間を置いてから、

『後ろなんて、いないいない！　二人だけで来てる！　やめてやめて！』

とカップルは血相を変えた。

彼らは後ろを振り返り引きつった笑顔を見せるが、配信映像を見る限りカップルの背後

には彼らとは別の人影が二つある。

『冗談やめて！　いないって！　マジいないから！』

いるのである。

＊

その公園に関して、こんな話も聞いた。

前田さんは鉄道会社に勤務しているベテラン車掌だ。

前田さんには所謂《いわゆる》〈そういう力〉はないのだが、嫌いな駅がある。

夜中、その駅に着くと、数百メートルほど先に件の公園がある山が見える。

山の中腹辺りに幾つもの影があり、目を凝らすとそれらが甲冑を着た武士だということが分かる。

武士たちは、刀や槍を振って戦っている。

敗れた者は倒れ、山の斜面を転がり落ちる。

つまり、戦の光景が見えるというのだ。

だから、なるべく山のほうは見ない。
見てはいけない。見えてはいけないものが見えているのだ。
描写を重ねるほどに場所が特定されやすくなってしまうため、この話はここで閉じる。

定説通り

宮城県に住む、有田さんが体験した話である。


二十年近く前、彼女が高校を卒業してまだ間もない頃のこと。

友人の一人が、自動車免許を取った。

〈折角だから、みんなでどこかへ出掛けたい。とはいえ、仙台の街中を走るにはまだ不慣れである。さりとて、近所をぐるぐる走るだけでは味気ない〉

――だから、心霊スポットへ肝試しに行こう、という話になった。


車二台に分乗して夜道を走る。

目指す先は隣町。丘の上にある、この辺りでは有名な廃屋であった。

元々は、この地で操業していた精密機械メーカーの社員寮であるらしい。

かつてその寮には看護師も勤務していたが、見習いの一人が自殺を遂げたという。

その霊が、未だに建物内を彷徨《さまよ》っているのだ……と友人は訳知り顔で話した。

わずかばかりの街灯と、弱々しい月明かり。
そこでは、アパート風の建築物が彼女たちを待ち構えていた。
くすんだコンクリートの壁が、光の加減か、かさぶたのように見えた。
「私、残るわ」
妙に怖くなった彼女は、建物の中に入ることを拒んだ。
何人かが同調して、結局、肝試しグループと居残りグループに分かれた。
探検を選んだ友人たちは、きゃあきゃあ言いながら中へと入っていった。
暗闇と沈黙が辺りを支配する。
自分たちの他に、生者の気配の感じられない空間。
こんな所では、ただ待っているだけでも気味が悪い。

どのくらいの時間が経っただろうか。
視界の隅を、何かが動いた気がした。
一人、二人、三人……。
屋上に人影が立つ。
その中の一人がこちらを向いたように見えて、彼女は手を振った。

誰に手を振ってるの。怪訝《けげん》な顔で友人が訊いた。
「ねぇ、凄いよ。みんな屋上に出てる」
四人、五人、六人……。
立っている者。しゃがみこむ者。手を振るこちらには気付いていないようだ。
その誰もが、全身タイツを着込んだかのように真っ黒い。
山から湧き出した闇をまとったように、顔も何も分からない。
ただ、黙々と動いている。
七人、八人、九人……。
「あれさ。違うんじゃない？」
誰が言ったかは定かではない。
けれども、そんなことはもうどうでも良かった。
あんな真っ黒いものが、人間であるはずがない。
懐中電灯も持たずに、どうやってあんな場所に立ったというのか。
そもそも、中に入った人数よりも多いじゃないか。

ほとぼりも冷めた頃。

まさかそんなことは、と思いながらも彼女は訊いてみた。

「部屋の中の探検に精いっぱいで、誰も屋上になんて出てないよ」

案の定、そんな答えが返ってきたという。

入りたい

宮城県在住の、マヤさんの体験談である。

二十年ほど前、県内の女子高に通っていた頃の話。


「じゃーん」

友人のハルが、自慢げに携帯電話を取り出した。

当時発売されたばかりの、動画撮影ができる初めての機種だ。

「折角だからここのみんなを撮ってみてよ」

クラスメイトの声に、ハルはスタートボタンを押した。

カメラに向かって話しかける者、おどけて踊る者。様々であった。

「早速観てみようよ」

ハルの周りに自然と輪ができた。

「ぎゃっ、何これ！」「ちょっとこれマジ？」

動画の再生を始めるや、次々と声が上がる。教室内は騒然となった。

小さなディスプレイに粗い画像。午後の日差しに照らされた教室が映っている。

クラスメイトたちの背後に、ぼんやりと白い靄《もや》が浮かび上がってくる。

――ねえ、可愛く撮ってよ!

靄がだんだんと像を結び、濃さを増していく。

――どうこの動き。ちゃんとカメラで追えてる?

とうとう、身体の輪郭や目・鼻・口まで分かるようになってきた。

はしゃぐクラスメイトの後ろで、所在なげにじっとこちらを見つめる姿が映る。

動画は、そこで終わった。


その正体は結局分からずじまいだったようだ。

古い校舎ゆえ、怪談めいた噂も数多あったという。

「私には白い影にしか見えませんでしたが、夏物の学生服を着た男子中学生だと指摘した友人もいました」

マヤさんはそう語った。

我が妻の持つ唯一の怪異体験だ。

夏キャンプの思い出

青森県在住の園井さんが体験した話。

夏の盛りのこと。友人と連れ立って、鰺ケ沢町《あじがさわまち》にあるキャンプ場を訪れた。

津軽富士とも言われる岩木山の麓。深い森に抱かれて建つバンガローを借りて宿泊する計画であった。

青森とはいえ、夏は暑い。おまけに二十人近い大人数である。

外でブルーシートを広げ、炭火を熾《おこ》し、肉を焼いた。酒が何本も開けられる。

園井さんは、その様子を手当たり次第にチェキに収めていった。

当時発売されて間もないインスタントカメラを、早速使ってみたかったのだ。

肉を頬張る姿、一升瓶を開けて酒を酌み交わす姿、早々に酔い潰れて眠る姿。

そんな姿が、次々に切り取られていった。

赤々とした炭はいつの間にか小さくなり、山から湧き出した闇が辺りに満ちてきた。

気付けば、バーベキューコンロを囲む人数も減っている。
何人かはもう、バンガローに入って眠っているのだろう。
「園井ちゃん、さっきの写真見せてよ」誰かが口にした。
ポケットから取り出したテレホンカード大のそれを、順に回していく。
「え……」「何これ……」瞬く間に、場の空気が冷え込んでいく。
ほらこれ——と、手渡された写真を見て、園井さんも潮が引くように酔いが醒めた。
酔った目には、インスタントカメラで撮った写真はこんなものだと見えていた。
画質も粗くて、あちこちに光が写りこんで。
ところが、そうではなかった。
これは顔だ。顔が、いたるところに写りこんでいる。
何となくそんな風に見える、という程度のものではない。
目、鼻、口。表情まで分かる。こちらをじっと見つめる者。苦悶するかのような者。
男もいる。女もいる。あらゆるところに、それはいる。
火を囲む人の間に。談笑する人の肩に。眠る人を見下ろして。
——わあああああっ。

突如、バンガローで男の叫び声が上がった。

バタンと扉が開いて、パタパタとサンダル履きで走る音がして、先に休んでいた友人の一人が園井さんたちの目の前を全速力で走り抜け、もう一度「わああ」と叫び声が上がると同時に、どすんという鈍い音がした。

高さ二メートルほどの崖から転落した彼は、小一時間後、救急車で搬送された。

あの夜、あのバンガローで何があったのか。何から逃げたのか。

彼は覚えていない。

良い・悪い

一週間かそこらのことだった。

家に帰ると、何かが腐ったような臭いが立ち込めていた。

母に異臭があることを訴えると「そんなことないわよ」と窘《たしな》められた。

部屋に入ると、凄い勢いで地球儀が回っていたり、本棚の漫画が全部床に落ちたりしていた。

夜になると一階から足音や玄関戸が開閉する音が聞こえたものだが、それは家族の誰かだったのかもしれない。

取り合ってもらえないので、両親に何かを伝えることをしなくなっていたのだ。

一人で部屋にいると、女の笑い声が聞こえたこともあった。

思ってもいないタイミングで耳元に笑い声が響くものだから、それを聞くと鼓動が早くなり、収まるまで幾らか時間が掛かった。

それは、ほんの一週間ほどの間続いた。

一度だけ、寝ているうちにそれに脇腹を強くつねられたことがあった。五十路を越えた今でも、つねられた部分は青い痣として残っている。

大人になってテレビや書籍に触れる機会を得てから、そういったものには「良い・悪い」があることを知った。

つまりあれは、良い・悪いで言えば悪かったのだろうなと思う。

渋滞

宮崎秋雄・幸子夫婦は車で海に向かう途中、渋滞に引っ掛かった。

左右に住宅がある何ということもない道なのだが、先にある交差点が道路工事の影響で詰まっていたのだ。

運転席に幸子さん、助手席に秋雄さんが座っていた。

免許のない秋雄さんは申し訳なさそうに「参ったね」と呟き、幸子さんの顔色を窺った。

「ん？　どした？」

秋雄さんは、幸子さんがちらちらと右の窓の外を見ていることに気が付いた。

「……あっこ《あそこ》の家の軒先で何がやってらよ……」

不安げな声色でそう言う幸子さんが見やる家の玄関には、頭を垂れる男女と立派な袈裟《けさ》を着たお坊さんがいた。

男女は並んで立っている。二人とも三十代くらいに見える。一方、眼鏡を掛けたお坊さんはずっと年配だ。

男はTシャツとチノパンというラフな服装で、女は厚手のトレーナーと丈の長いスカートを着て、紫色のカーディガンを羽織っていた。
二人はお坊さんの前で直立し、瞼を閉じて少し頭を下げている。
何かの儀式であることは間違いなさそうだが、何の儀式なのかまでは分からない。
お坊さんはじっと二人を見ているだけで、手を合わせることも読経することもしない。
何かを待っているようにも見える。
「なんだべな」と秋雄さん。
「……気になるよね」と幸子さん。
そして、お坊さんは何か砂のようなものを男女に撒いた。
すると砂が掛かったその一瞬で女の姿が消え、男だけが残った。
そしてお坊さんは何か声を掛けながら、男の身体に掛かった砂を払う。
と、車が少し前に進み、軒先の様子は見えなくなった。
「お祓い？　お祓いだべな？」秋雄さんは興奮気味に言った。
「んだべな。そった感じだった」幸子さんも目を見開いている。
「オナゴ、消えたべな。あったことあるもんだが？」
秋雄さんは何か見間違えたのかもしれないと、幸子さんに確認した。
「……オナゴ？　オナゴだっきゃいねがったべ？」

「いや、いだべな？　オナゴだや？　いだべな？」

「なも、いねって……おっかねえこと言わないでよ……」

「うう。うう。まいね。さんびぐなって《寒気がして》きたぁ……」

夫婦は早くその場から離れたい。

だが、渋滞が解消される様子は全く見られない。

青と白

宮城県在住の工藤さんが、二十年ほど前に県北部で体験した話である。
当時彼女は看護学校の学生だった。
授業を受ける学舎と実習を受ける病棟とを結ぶ渡り廊下から、中庭を見下ろした。
中庭には担架が置かれ、水色の寝巻をまとった男性が横たわっていた。
隣では看護師が身を屈めて、寝巻を脱がせてその身体を黙々と拭いている。
ああ、遺体を清拭《せいしき》しているのだな、と思った。
けれども、何もこんな所でやらなくてもいいじゃないか。
そう思っていると、看護師が不意に顔を上げてこちらを向いた。
自分だった。
えっ、と声を上げるのと同時に、担架からだらんと足がはみ出した。
真っ白い、磁器のような足であった。

そこで工藤さんは目が覚めた。夢を見ていたのである。

こんな気持ち悪い夢を見るなんて、きっと疲れているのだ。

その日の夕方。

工藤さんは病棟一階にあるナースステーションで、ミーティングに参加していた。

実習の内容を振り返り、発表をしようとしたそのとき。

目の前のガラス窓の向こうに、さっと黒い影が降った。

セメント袋を思いきり土間に叩きつけるような、いやそれよりももっと大きな音がして、地の底から湧き出るような振動が足元に伝わった。

飛び降りだ。その場にいた全員が駆け出した。

中庭に横たわる、水色の寝巻をまとった男性。

四階建ての病棟の屋上から飛び降りたようであった。

工藤さんの説明によれば、飛び降り自殺を試みた者は落ちていくうちに頭が逆さになるが、四階程度の高さでは逆さになる前に着地するらしい。おまけに、中庭は土がむき出しになっていた。

だから。

うう、うう、うう。

はだけた胸が上下するのに合わせて、苦しそうな呻《うめ》き声がした。

けれども、工藤さんたち実習生には手の施しようがなかった。

担架が運ばれてくる。看護師長が男性の身体を乗せる。

そのとき、バランスが崩れたからなのか担架からだらんと足がはみ出した。

真っ白い、磁器のような足であった。

それを見て工藤さんは思い出した。昨日自分が見た夢を。

中庭。水色の寝巻。真っ白い足。ああ、夢と同じじゃないか。

工藤さんは語った。

「あの声が忘れられないのです」

死にきれなくて、呼吸困難に陥った男性の呻き声が。

そして、「もう少しで退院なのに何故こんなことを」と、意識不明の人間に向かって叱り続ける看護師長のキンキン声が。

予影

福島県に住む蒼井さんの、お母さんの体験談である。

二〇一一年二月、ベトナム——ハノイ。
商談をまとめて、通訳とともに散歩に出た。
活気と熱気に満ちた繁華街。けたたましく走り抜けるバイクと、溢れんばかりの人波。
ふと反対側の歩道に目を向けた彼女は、その存在に気が付いた。
行き交う人々の間に、黒い人が立っている。
一箇所だけ陽が暮れたようにほの暗く、ゆらゆらと揺れて。
「何あれ。厭だっ」
思わず目を逸らした彼女が再び視線を向けたときには、もう姿を消していた。

それから、である。
彼女が訪れた先々に、黒い人が出た。

食事へ出掛けた先に。買い物に出掛けた先に。
何をする訳でもないのだが、ふと気付くとそれがいる。
数メートル先で、こちらを向いてゆらりゆらりと立っている。
影絵のように顔も表情も分からないのだが、男であることは何故か分かった。
そして、同一人物であるということも。
まるで彼女を待ち構えるように。
彼女は普段、オカルトめいたものを嫌っていた。
しかし今回ばかりははっきりとその目で見たということもあり、滅入ってしまった。
どうにも心が落ち着かず、厭な予感がしてならない。
それで。観光船でのクルーズをキャンセルして、さっさと日本に引き揚げたのだ。
観光船が沈没し、邦人を含む犠牲者が出たのはその翌週のことである。
あの黒い人の正体は分からない。沈没事故との因果関係も分からない。
けれども、あたかも死を招きそうな、あの禍々しい雰囲気は忘れられない。
彼女はそう語った。

映し出される

仙台市在住の会社員菊池さんの、お母さんによる体験談である。

十五年ほど前の夏のこと。
マンションの窓を開けたまま、眠りに就いていた。
どのぐらい眠ったかも定かでない頃、ふと意識が浮上した。
全身がベッドに張り付いたように、身動きを取ることができない。
脂汗が、身体を伝う。
と、その身体の上空を、何かがすうっと横切った。
目が開いているかも分からぬ真っ暗闇であったから、その正体は分からない。
部屋の空気を微かに揺らし、そのまま窓から出ていった。
そのとき。まるで映画のように、一つのシーンが部屋に浮かび上がったという。
見知らぬ幼い女の子がブランコを漕いでいる。

一回、二回、三回……。大きく揺れた直後、ぽおんと空中へ投げ出される。
そのまま身体は地面に叩きつけられて、そこで映像はぷつりと切れた。
怖いとか悲しいというよりも、全く意味が分からないまま朝を迎えた。

――近所の公園でそうした事故があったのですか。
と、私は問うた。
公園の景色に全く見覚えはなく、事故の噂も聞いたことはないとのことだった。
「うちはそういうものの通り道なのかもしれません」彼女は付した。
「わざわざ七階を通らなくても良いものを」
菊池さんは、そう笑った。

ひゃっと

福島県に住む、青木さんの体験談である。

二〇〇〇年代初頭のこと。
当時専門学校生だった彼女は、夏休みに友人を訪ねて上京した。
久しぶりの再会である。積もる話がある。一日では終わらない。
そこで、新宿にあった外資系の高級ホテルに二人で宿を取った。

夜中。時計は既に一時を回っていたが、彼女たちはまだ話し込んでいた。
よくもネタが尽きないものだが、お喋りは楽しいものだ。
ふかふかのツインベッドの、こちらと向こう。
滑らかなシーツに身を委ね、クッションにもたれて。
窓の向こうにそびえる超高層ビルの明かりも、大分減ってきたなと思ったとき。
四角く切り取られた夜景の中を移動する、丸いものの存在に気が付いた。

歩くような速さで、左から右へとまっすぐに動いている。
風船であれば、上へ浮かんでいくはずだ。
鳥であれば、もっと早く飛ぶはずだ。
いったい何がと脳が分析をする前に、視覚がいち早くその正体を捉えていた。
男の首、である。
部屋から漏れる光に照らされて、男の首が新宿新都心に浮かんでいるのである。
外に誰かが立っているのではないか。
いや、そんなことはない。
十七階の客室である。窓の外に足場はない。立てるはずがない。
彼女自身の顔がガラスに映りこんでいるのではないか。
いや、そんなことはない。
五分刈りに丸めた頭。痩せこけた頬。落ちくぼんだ、けれども妙にぎらついた両眼。
彼女の顔とは似ても似つかない。
男と、目が合った。
そのとき彼女は、これは現代の者ではないな、と思った。
理由はよく分からないが、直感でそんな気がした。

どのぐらいの時間が過ぎたのか。

青木さんと、首だけで浮遊する男は、しばし見つめ合っていた。

そして気が付いたときには、首はどこかへ去っていた。

セルロイド

私には八十年代の青森の記憶がまだある。

そしてその記憶にあるほとんどの風景に、活気が込められている。

以前働いていた会社の同僚が話してくれた舞台は、その頃の弘前市だった。


神山は休日に映画館巡りをするのが好きだった。

夕刊の上映情報を切り抜いて、どう映画を梯子しようか考える。

ほとんどの映画館が二本か三本立ての上映で、三館を巡ればほぼ一日が潰れる勘定だ。

当時神山はタクシー運転手で、日頃座りっぱなしの生活をしていた。

そういう訳で、運動不足解消にと、館から館へ徒歩で移動するのが常だった。

その日も、切り抜きを片手に午前中から映画を観に出掛けた。

山のほうで暮らしていたため街に着くまで三十分は掛かるのだが、これも運動。

弘前公園を抜けたくらいから街の顔を感じ、土手町に差し掛かると歩道をゆく大勢の人々の姿がある。

土手町は人の数の割に歩道が狭く、油断すると前後左右の通行人にぶつかってしまう。今では考えられないことだが、当時はそんな風だったのだ。

駅前の映画館からスタートする予定だったため、土手町通りを曲がった。通りを変えても、依然として人も車も多い。

前の歩行者が邪魔で思ったよりも進みが悪く感じたが、余裕を持って出発したので、映画の時間に間に合わないということはないだろう。

そんなことを考えていたら、神山は次第に後ろが気になるようになった。

後ろの歩行者が気になる訳ではない。

もっと違った気配。

不意に肩に手を伸ばされ、今にもトントンと叩かれるような、或いは生暖かい手に背中を触れられそうな、そんな気配だった。

勿論、振り返っても入れ替わり立ち替わりする老若男女が憮然としたり、談笑しているだけだ。

しかし、どうにも両肩と背がむずむずする。

気になりだしたが最後、ずっとそんな調子になっていた。

映画館に到着し、チケットを購入した。

ロビーと通路のベンチに人の姿はなかった。

そこで上映していたのは過激な性描写があると評判の恋愛映画と、シリーズ物のホラー映画だった。今現在客席にどれだけ人がいるかは分からないが、どちらも話題作ではないため、そうそう混んでいることもないだろうと神山は踏んでいた。

到着までの時間が予想より掛かったため、ロビーで一本煙草を吸っている間にエンディングテーマが壁越しに漏れ聞こえ、恋愛映画を観終えた客がパラパラと通路に出てきた。

神山は、こう背後が気になっていてはうっかり振り返るたびに自分の後方に座った客に迷惑を掛けるに違いないと気を遣い、最後部列に座って肩を揉んだり目をギョロつかせたりしながら映画が始まるのを待った。

定時に予告編が始まると、思いのほか背後が気にならなくなった。

まるっと気配が消えた、と言っても過言ではない。

元々日勤がメインだったのだが、最近は夜勤に駆り出されることも多い。

自覚はそれほどないが身体が不規則な生活によるダメージを受けているせいで、神経が過敏になっているのかもしれない。

何にせよ、気持ちが楽になって良かった。あんな感覚は初めてだ。

ホラー映画はまああの出来で、恋愛映画は期待していたほどの濡れ場はなかった。

恋愛映画の上映中に一度だけ、むずと肩を掴まれる感触があり、驚いて振り向いたが出入り口のドアの上に設置された非常口の指示板が薄ぼんやりと光るのみで、そこには誰もいなかった。

やはり、疲れているのだ。

エンドクレジット後、配給会社のロゴが出るとほぼ同時に幕が左右から閉じ、明かりが点いた。

立ち上がると、異常に身体が重かった。

昼食を摂ってから次の館に行く予定だったたが、食欲が湧かない。

館を出る前に通路のベンチでゆっくり煙草を数本吸ってから、意を決して立ち上がった。

体調を鑑みて素直に家へ帰るべきか、次の館に向かうべきか。

しかし、自宅の方面へ進む路線バスは一日に何本も出ない。

バスの時刻を覚えている訳ではないが、下手をすれば最寄りバス停に立ったまま、二時間はバスを待つことになるかもしれない。

かたや次の映画館は、ここから歩いて二十分も経たずに着く。

スクリーンを前にして空調の効いた椅子に座っているだけなのだから、それはほとんど休んでいる状態にも等しいのではないか。同僚のよしみを使い無料でタクシーに乗せてもらうこともできたが、何より次のアクション映画に期待する思いがまだある。

神山は重い足取りで、次の館へ進んだ。

午前中は見られている、何かが自分に付いてきているというような感覚だった。だが午後となってはもはや、何かをおぶっている感覚に近いものがあった。

普段なら約二十分の道のりだったはずが四十分も掛かり、次の館に到着した。

予定ではその館で二本を観た後、隣接する館でレイトショーを一本鑑賞するつもりだった。

チケットを購入しながら、何故自分がこんな無理をして映画を観ようとしているのか疑問に思った。確かに映画鑑賞は趣味だ。銀幕の世界は日々のストレスを忘れさせてくれる。しかしこれほど体調が優れない中、果たして楽しめるものだろうか。

神山は、売店にいる馴染みの老人の、自分を見るギョッとした顔が気に掛かり、トイレの鏡に己の姿を映した。

青白い顔、にじむ脂汗は想定内だ。

しかし、両肩と首周りに黒い靄が掛かっているのが解せない。

こんな姿では余計に身体がダルく感じられる。

「だばって《でも》、観ねばまいねなぁ《観なきゃいけないな》」

トイレに響いたその言葉が自分の声によるものだと気付き、神山は目を細めた。

本当に疲れている。

やはり無茶をするべきではなかったようだ。

鏡に染みでもあるかのように靄がある。動くと靄も動くのだから、染みではないのだろう。

神山は鏡に背を向けて何がどうなっているのか確かめようとしたが、足元がもつれてトイレの床に尻餅をつく格好となった。

「だばって、観ねばまいねぇ……」

起き上がり、ふらふらとトイレから出て、座席に着いた。

どの位置に座ったかは覚えていない。

予告編が始まると急に身体が軽くなり、夢中になってキレの良いアクション映画を観た。

同時上映は香港のコメディ映画で、こちらもなかなかの拾い物だった。

客席の明かりが点くと同時に、猛烈な吐き気に襲われた。

「あんた、大丈夫が？」

覚束ない足取りで外に出ようとすると、売店の老人にそう声を掛けられた。

「まいねがも《ダメかも》。具合が悪して《具合が悪くて》」

「んだべ《そうだろ》、何が変だいの《何か変だ》」

「分がりますが？」

「分がるも何も、おめの後ろのそれどうなっちゅう？《お前の後ろのそれどうなってるんだ？》」

老人は両手を自分の肩の上でひらひらさせながらそう言った。

「黒いやづ《奴》？」

「んだ、何が黒ぇ奴だ。それなんだば？《それなんだ？》」

神山は問いに対して「はぁ……まあ」とだけ応え、外に出た。

自分以外にも黒い靄が見えているとは意外だ。

そして、次の記憶は隣の館でレイトショーを観ている自分に飛ぶ。

チケットを買った記憶も席に座った記憶もない。

レイトショーは二時間超えの人間ドラマで、ラストに涙を流した。

今度は客電が点いても具合が悪くなることはなく、すっきりした気持ちで帰路に就いた。

神山はこんな一日になる原因に、思い当たる節はない。

夏の教室

　これは〈こっくりさん〉の話である。

　青森県弘前市には他県市町村の例に漏れず、こっくりさんに纏わる有名な逸話がある。その逸話はある学校でほんの数十年前に起きたことなので、当時現職の教師だった、或いは学生だった方もほとんど存命で、私が何人かから聞いた分にはほとんどが同一だった。

　ここで紹介するのはその有名な逸話そのものではないが、時期は近いようだ。

　夏菜子が高校生の頃の話。

　放課後に男子生徒数人がこっくりさんをしていた。

　当時こっくりさんは全国的に流行っており、その広まり振りは各地の学校で色々と由々しき事変が起きていたことを問題視した教育委員会が、止めるよう呼び掛けるほどのものだった。

　夏菜子は遠目に男子生徒の姿を見るだけで、ほぼ気に留めず帰宅のために教室から出た。

　廊下でクラスメイトの玲香と遭遇し、二人でお喋りをしながら校門まで歩いた。

「見た？　田辺たち、こっくりさんとばやってだよね」

玲香はさも面白いものでも見たかのように、そう言った。

「見た見た。おっかねぐねえんだべがね」

正直、さほどの興味はなかったが、調子を合わせる。

「○○中学で、頭おかしくなった子いるんだってね」

その話なら聞いたことがある。○○中学でこっくりさんをしている最中に狐に憑かれた女子生徒が、教室を舞台にとんでもなく暴れ回ったというのだ。

「田辺たち、おがしぐなったらどーするんだべね」

その声色から玲香も噂を聞いただけで、こっくりさんに大して怯えていないことが分かり、夏菜子はほっとした。最近は特にオカルトを信じる人が多い。そんな人たちと話をしていると、余りにも見えている世界が違い過ぎて、距離を感じてしまう。

結局、人間のほうが怖い。

夏菜子はいつもそう思っていた。

校門で玲香と別れた。

よく晴れた晩夏の風は心地よく、家に着いた頃には田辺たちがしていた悪趣味な遊びのことなどすっかり忘れてしまった。

宿題を終わらせてから居間へ行き、テレビを観ながら夕飯を待った。

一度台所を覗いたとき、母が「友達はもう帰ったの？」と言った。

「友達来てないよ」と夏菜子。

「あら、そう」と母。


翌日の学校は相変わらずの騒々しさで、夏菜子はいつも通り、なるべく静かに静かに一日を過ごした。当たり前と言えば当たり前だが、学校は人が多過ぎるのだ。ヤンキーにバンド好きに野球少年。暗い子も明るい子もいるし、いじめもある。

色んな人が多過ぎて疲れてしまう。

授業中、たまに目だけを動かして教室を見渡してみると、もはやグロテスクとも形容できるまでの人々の多様さに、吐き気すら催しそうになる。

隣のクラスの玲香は病欠で、田辺たちはその日の放課後もこっくりさんををやっていた。

夏菜子はこっくりさんの輪の中にいじめられっ子の英明が入っていたことを意外に思った。どんな質問をこっくりさんに投げかけているのか分からないが、無言でコインを動かす田辺たちと、それを見物する男女数人の姿が、まるでずっと前からそこにあったかのように教室に馴染んでいる。勿論、輪に入るつもりはない。余り気の晴れない日で、無性に早く卒業して社会に出たい、と思った。

また母が「友達の分の夕飯はいいの？」と言った。

「……昨日も言ったけど、誰も来てないから」

母は「ええー？」と言った後、目を少し上向きにして、耳を澄ますような仕草をした。

「二階から音聞こえるけどね」

「聞こえないよ」

「だって、あんた帰ってきたとき、階段をドタドタドタドタッて何人も」

「だから、いないって……」

埒《らち》が明きそうもないので、母とはそれ以上話さなかった。


学校で玲香に会うことがなくなってから、二週間ほどが経った。

夏菜子は以前に友人から聞いた「病欠」という言葉を頼りに、ここまで休んでいるなら、まあまあの大病なのかもしれないと考えた。

この頃には田辺たちがこっくりさんをしている姿を見かけなくなっていた。

何でも教師の誰かに注意を受けたのだそうだ。

そして、男子たちが教室の後ろでボールを蹴ったり、窓辺で何か下品なバカ話をしたりしているいつもの風景が戻った。

今思うと、血気盛んな彼らが静かにこっくりさんに打ち込んでいたのはある種異様なことだ。

喉元過ぎれば、あれはあれで騒々しさがなくて良かったように思える。


「ねえ……やっぱりさあ」

母がまたおかしなことを言う。

夏菜子と階段を上がる足音がする。二階から物音が聞こえる。

母はそんなことを連日言い続け、終いには少し窶《やつ》れてきている。

「だはんでっ、なしてそったバカなこと言うの」

「お祓いしたほうがいいって。なも、お母さんがおがしかったとしても、念のためだはんで」

「いやだって！　いい加減にして！」

お祓いなんてする訳がない。

どうしてみんな、私の心をそっとしておいてくれないの。


「夏菜子」

夕暮れ時、校門を出た瞬間、玲香に呼び止められた。

「あっ……久しぶり」

一カ月振りの対面とあり、夏菜子は病気のことを聞いていいのか躊躇《ためら》った。風邪程度ではないだろうから、その辺りはデリケートな話題だ。

「夏菜子、あたしね。ダメかも」

「え？　何が？」

戸惑いつつ何のことかと問いただそうとすると、玲香はくるりと向きを変え、校門をくぐった。

「玲香！　玲香！」

後ろ姿に呼び掛けながら、玲香が私服であることに気が付いた。

自分を無視してどんどん離れていき、校舎に入っていった友人の背中はどこか寂しげだった。


その女性は、「お祓いをする人」のようには全く見えない、言うならば「普通のおばさん」だった。

母の知り合いの紹介を受けて、親子で面会しているだけの、言うならば縁もゆかりもない普通のおばさんだ。

女性は学校で悩みはないか、家族関係について悩みはないかなどを質問してから、じっと夏菜子の顔を見つめてきた。

「……何もないわね」

「でも、足音がするんです。本当なんです」母が食い下がる。

「でも、夏菜子さんには何もないですね。お母さんも特に何かあるようにも感じられません」

そこから少しだけ母とおばさんの世間話が始まり、その後二人のお代は無用です、いえいえそう言わずに、といったやりとりを経てから、おばさんの家を出た。

「……だはんで、言ったじゃん。意味ないって」

「でも、足音聞いてるんだから。あった気持ち悪いの何回も何回も聞かされるこっちの身にもなってみへ」

母はまだ痴呆を疑うほどの年齢ではない。一方、夏菜子も、まだ母がストレスから調子が悪くなっているかもしれない、と考えられるほどの年齢でもない。窶れていく母に対する夏菜子の思いは「最近母は何かがおかしい」という程度だった。

両親が離婚してから、久しい。

親子二人だけが住むには余りにも広いその一軒家に、困惑が同居していた。

「え？　知らなかったの？」

休み時間のちょっとした会話の流れの中で、玲香が転校したことを知った。

「病気で休んでたじゃん。なかなか治らないから東京の病院に診てもらわないとダメだって」

「何の病気なの？」

「それが分がんねえんだよね」

この会話があった頃には、母の足音騒動は収まっていた。

母の体重も戻り、玲香がいなくなったこと以外、夏菜子の生活は全て元に戻った。

夏菜子はその後高校へ進学。関東の大学に入り、そのまま都内の企業に就職した。

社会に出て得た経験は夏菜子の人柄をまるっと変え、今では迷いも暗さもない地に足の着いた女性となっている。

一度、予定していた里帰りと高校の同窓会の日時がうまく重なったため、物は試しと会に参加した。当時は友達とも呼べなかった人たちもすっかり大人になっており、その頃では考えられないほど楽しい交流ができた。

その場に玲香の姿はなかったが、気にはならない。玲香との思い出はもはや薄ぼんやりとしかなく、かつて友達だったのかどうかすらも怪しかった。

「にしても、あれはやばかったな」

「こっくりさんねー。流行ってたよね」

二次会の居酒屋で、隣のテーブルにいたグループがそんな会話を始めると、夏菜子は聞き耳を立てた。

「玲香ちゃん、おかしくなったんでしょ？」

「ね。やべーよね」

不意に「何が、どうおかしくなったの？」と割って入りたい衝動に駆られたが、幾ら砕けた雰囲気だとはいえ、余り目立った行動を取りたくなかった。

「こっくりさん、やったの誰だったっけ？」

「覚えてねぇじゃあ」

夏菜子の脳裏にあの日の田辺たちがよぎる。

ああ、私は覚えている。

昔、そんな夏があった。

家に帰ってから、同窓会の様子を肴に母と酒を呑んだ。

「途中から学校来なくなった玲香、おかしくなってたんだって」

結局詳しく聞けた訳でもないので、夏菜子はあくまで、そんな人生もある、という程度のニュアンスで母に話した。少し下世話な気もしたが、母に対してはなるべく思ったことを口に出したい。

「あら。よく家に来てたわよね」

母は明るい口調でそう言った。

しかし、夏菜子の記憶では玲香はおろか、高校の同級生が家に来たことなど、今まで一度もない。小学校以来誰かとそんな仲になってはいないのだ。

「来てないよ。誰も」

何か勘違いをしているのだろうと、夏菜子は少し目線を母から外した。

「……あ、違う。それ、気のせいの奴だ……」

「気のせいの奴……」

母はあの足音騒動が収まってから、よく「気のせいの奴」と生活の中にある自分の失敗を自嘲するようになっていた。

「あの頃あなたが帰ってきて階段上がるでしょ。で、気のせいで足音が聞こえてきてた訳なんだけど、お母さんだってバカじゃないからあんたが階段上がるとこを何回も確認しに廊下に出てきてたのよ。そせば、玲香ちゃんとあと名前知らない学生服の男子がドタドタッてあんたの後ろを付いて来ててね。まあ、気のせいなんだけど」

「何それ？　初耳なんですけど」

「うーん。だって、気のせいだはんで……」

何か深追いしてはいけない気がして、夏菜子はその話を切り上げた。

玲香と学生服の男子たち。

数少ない中学の記憶の中にはっきりと浮かぶあの風景。

おかしくなった玲香。

音のない部屋で、何事かを呟きながらこっくりさんをする田辺たち。

つまらない私。

夏菜子はまた少しだけ、心が重くなりそうなった。

「あんた、彼氏は？」

「いない。嘘、いる」

「どうせ、まいね男だべ」

「教えるわけねーべ」

「……あんた、一丁前に」

自分も周りもみんな色々ある。

「ま、いいじゃん」

そう言って、夏菜子は。

グラスを呷《あお》った。

温泉宿にて

ごぼっ。ごぼごぼごぼ。
まただ。壊れかけたエアコンが不快な音を立てている。
今夜は何度こいつに起こされたことだろうか。
私はそっと目を瞑《つぶ》って、再び眠りに就いた。

ツーリングで立ち寄った、岩手の温泉宿であった。
雨に煙る山々の裾野に位置する、小さな温泉街である。
湯は良かったが、いかんせん建物が古過ぎた。
染みの浮き出たコンクリート、湿気で重たくなった絨毯《じゅうたん》。
ほの暗い蛍光灯が一つ灯った客室は、どこを触れてもじっとり冷たかった。

ごぼっごぼっ。ごぼごぼごぼ。
幾ら何でも寒過ぎる。窓辺に布団を敷いたのは間違いだった。

私の背後には大きな窓がある。

そのわずかな隙間から、山の冷気と湿気が入り込んでくるのだろう。

故に七月だというのに、私は布団の中で震えているのだ。

おまけに部屋の中には潮の香りがむんむんと漂っている。

けれどもここは海岸線から百キロ近く離れている。

昨日さんざん浴びた潮風が、湿気と一緒に部屋に充満しているのだろう。

ごぼっごぼっごぼっ。ごぼごぼごぼ。

窓の下で、エアコンが咳き込んでいる。


翌朝。爽やかに起き出してきた友人に私は言った。

「夕べ、エアコンうるさくなかった？　全然寝られなかったんだけどさ。あと、湿気凄かったね。バイクウェアの潮っ気が匂ってたよね」

けれども、友人からの返事は想像もしていないものであった。

――昨夜は寒過ぎてエアコンなんて点けていない。吹き出し口の真下で寝ていたから、動いていれば分かるはずだ。それに、幾ら湿っていたとしても、海に入った訳でもないのにウェアから潮の匂いがするなんてあり得ない。

指さすほうを見れば、確かにエアコンは天井に据え付けられている。
自分の布団の脇には窓のサッシがはまっているばかりであった。
バイクウェアに鼻を押し付けても、潮の匂いなどしない。
では、昨夜のあれは何だったのだろうか。
呟き込むような音。濃厚に漂う潮の匂い。まるで、溺れているような——。

そこまで考えて、昨日走ったルートを思い出した。
石巻、南三陸、気仙沼。陸前高田、大船渡。
津波の瓦礫《がれき》がまだあちこちに山積みにされていた、二〇一二年の出来事である。

雨降りの女

宮城県のとある町役場には数年前の一時期、こんな通報が相次いだ。
「雨の日になるといつも、女の幽霊が立っている」
「気味が悪く見ていられないので、操業をやめさせてほしい」
いずれも、ある工場の近隣住民からであった。
その工場では、副業として六次産業化の取り組みを行っていた。
敷地内の畑で生産した農作物を加工し、調理してレストランで提供するのだ。
建物には、震災の記憶の伝承を願って、津波漂着物が再利用されていた。
おしゃれな建物に美味しい料理とあって、なかなかの評判になっていた。
そこに、幽霊が出るというのだ。
勿論、そんな理由では行政が動くことはできない。
それでも、似たような内容の電話が、近傍の複数の住民から度々寄せられるのだ。
余り無下にすることもできず、理由を付けて視察したこともあった。
勿論、何の成果もなかったようであるが。

——で、その女の幽霊というのは、どんな姿なんです？
この話を提供してくれた赤沼さんに私は問うた。
「真っ白な着物を着た、中年の女。無表情で、ぼうっと立っているの」
赤沼さん自身もその幽霊を見たことがあるのだ、と言う。
——レストランに幽霊が出るような原因は、何かあるんですか？
重ねて問う私に、赤沼さんは答えた。
元々、山神を祀った土地を削って工場を建てたこと。
工場建設の際には、地元からかなりの反対運動があったこと。
旧弊を嫌う経営者が、お祓いや地鎮祭の類を余りやろうとしなかったこと。
そんなところに、津波で流されたモノを拾ってくるから、こんなことになるのだ、と。

結局、何故幽霊が立つのかは分からずじまいである。
建物の素性と、幽霊の姿形にも因果関係は見出せそうにない。
隣町出身の庄司さんにも取材したが、有意な情報は得られなかった。
この工場に関する揺るがぬ事実は、次のただ一点である。

同社の社長は昨年、県内の某海岸に於いて溺死している。

なお、本稿の執筆に当たり、建物に使われた材料はどこの海岸に漂着したものなのかを同社に問い合わせたが、回答は得られなかった。

人を轢《ひ》く

——人を轢いてしまいました。場所は……。

一一〇番に寄せられた通報を元に、県警本部から指令が入る。

「またか」署員からはため息が漏れた。行かない訳にはいかないが、どうにも腰が重い。

ある時期を境に、その警察署には同じような通報が寄せられるようになった。

そこまではほぼまっすぐに進んできた県道が、地下を掘り下げたトンネルに入ると同時にぐにゃりと大きくカーブする。四角い箱の中を、白い照明灯が点々と照らす。

夜中。車を走らせていると、目前に人が落ちてくる。或いは突然、車道に人が立つ。

センターポールの並ぶ、片側一車線。脇には鉄柵越しに歩道が続く。

当然、急には避けられない。大きな衝撃。ガシャンと鈍い音。

——やってしまった。トンネル出口に車を駐めて、震えるその手で通報する。

パトカーが、事故処理車がやってくる。ドライバーを取り囲み、事情聴取が始まる。

けれども。路面にはブレーキ痕こそあれ、血の一滴も落ちていないのだ。

「何かの見間違い、ということはありませんか」分かっていても、訊かざるを得ない。

——そんなはずはありません、だって、ほら。

顔面蒼白のドライバーが指さす先、ハザードランプを灯した車のフロントガラスにヒビが入っている。或いはボンネットが凹み、フロントライトが割れている。

物理が、何かとの衝突を物語っている。こうなると、嫌でも捜索せざるを得ない。

トンネルを端から端まで辿ってみる。入り口付近の草もかき分け、探してみる。

けれどもそこには、人は当然のこと、小動物の死体一つないのだという。

「あそこはさ。津波のとき、完全に水没してる訳よ。周りから御遺体が流れ込んで。何体も何体も出てきたよ。排水するまで、トンネルの中を漂ってたんだろうな」

仙台近郊、沿岸部某市勤務の警察署員から聞いた話である。

あしおと

仙台の繁華街・国分町で働く柴田さんの家には、「出る」という。

彼女は仕事を終えると、食材を買って帰宅するのが常である。時刻は、深夜の二時から三時頃。階段を上がり、薄暗い廊下を行き、鉄の扉を開ける。

蛍光灯に照らし出される、フローリング敷きのワンルーム。

テーブルの上にビニール袋を置いて、彼女は廊下に面した窓の下にある台所に立つ。

そうして、夕食と呼ぶには些《いささ》か遅過ぎる食事を作っていると、

——とたとたとたとたとた。

と足音が通り過ぎるのだ。柴田さんの背後を、左から右へ。

幼な子と思しき、軽やかな音。

一日に一度、それは起きるという。

勿論全ての住人を知っている訳ではないけれど、と彼女は言った。

「うちのマンションには子供連れなんていないと思うの。もしいたとしても、一日に一回だけ、それも夜中にしか足音が聞こえないのはおかしいでしょう?」

だからあの子は、幽霊。そう言った。

そんなある日のこと。
柴田さんはいつも通り、仕事を終えて、夕食を作っていた。
ああ、そろそろあの子が通る頃合いだ。
そう思ったとき。
どん！　ばん！　どん！　ばん！
分厚い漫画雑誌を思いきり床に叩きつけるような音。
驚き、口からこぼれそうになる悲鳴を、必死でこらえる。
包丁を持つ手に、力が入る。
どんどんどん！　ばんばんばん！
柴田さんのすぐ後ろのフローリング床を、力強く何かが叩いている。
地団駄を踏んでいるようだ、と思った柴田さんは、あることに気付いてそっと俯いた。
彼女の目の前には、窓ガラスがある。
外は真っ暗。こちらには電気が灯る。
ということは、顔を上げたままでは自分の後ろにいる「何か」が見えてしまうのではないか。そう思ったからだと言う。

どん！　ばん！　どん！　ばん！

それは己の存在をアピールするかの如く、続いている。

そして彼女は見てしまったのだ。

俯いた自分の視界のその隅の。

青茶けた、それでいて隆々とした、見るからに大人の男の足が二本。

何かを急かすように、踏み鳴らす様を。

どんどんどん！　ばんばんばん！

何をすることもできず、ぎゅっと目を瞑り、ただ時間が過ぎるのを待つほかない彼女の耳を、その音はしばらくえぐり続けたと言う。


で、そのマンションからは引っ越したのですか？　私は問うた。

「ううん。そのまま住んでるの。特に何か害がある訳でもないし。足音？　今でも聞こえるわよ。一日一回、子供が走るの」

でね。たまにね。やっぱりあの男も来るの。

おともだち

私の友人、高木の話である。

高木の実家は、宮城県某所でペンションを経営している。

両親ともに都会の人間なのであるが、当地の自然の美しさに惹かれ、移住してきた。高木はそこで生まれ、育った。

ところで、このペンションには、「何かがいる」のだという。

より正しい表現をするならば、客室ではなく「プライベートスペース」、つまり高木の家族が暮らす住居部分に。

こんなことがあって——と高木は話してくれた。

四歳か五歳頃のこと。

両親が仕事で忙しいため、高木は幼いながらも一日のほとんどを独りで過ごしていた。

一家が揃うのは、宿泊客への夕食の提供が終わる二十時頃。

それまで、ひたすらビデオを観て、ゲームをして時間を潰すのだ。
大好きなアニメ映画は、すっかりセリフを覚えてしまうほどに。
陽がとっぷりと暮れている。窓の外は、どこまでも続く黒い森である。
階下からは、美味しそうな匂いが漂ってくる。
お母さんが作る、この宿自慢の御飯だ。
ということは、あと一時間ぐらいは独りぼっちなのだ。
布団にくるまり、ごろごろしながらそんなことを考えている。
この時間が、一番心細い。
お母さんやお父さんの声は聞こえているのに、話すことも顔を見ることもできない。
おまけにお腹も空いてくる。
それに――この家は、何だか時々、とても怖く感じることがあるのだ。
お母さんと、お父さんと、私。それ以外に、誰か。
だから、部屋の扉は必ず開けっ放しにしている。
閉ざされた空間でそれと二人っきりになるのは、とてもじゃないが耐えられない。
ああ、ほら、気配がする。
扉の脇から、こちらの様子を窺っているのはいったい誰？

幼稚園の子よりも、なお小さい。身長は五十センチぐらいだろうか。
廊下は明るくて、こちらは暗いけれど、影と呼ぶには黒過ぎるんじゃないかしら。
クレヨンで塗り潰したみたいに、頭の先から足の先まで真っ黒い。
顔なんて分からない。
目がどこにあるかも分からない。
それなのに。
こちらをじっと見つめているのが分かる。首をちょこんと傾げて。
「入ってきちゃダメなんだからね！」
叫んでみても、反応はない。
ああ、こちらに来たらどうしよう。
お母さんも、お父さんもここにはいない。
大声を出してもきっと、来てはくれない。
廊下の明かりがわずかに射し込む、暗い暗い部屋。
得体の知れない何かと、見つめ合って。
目を逸らしたら、入ってきそうで。
ああ、本当に厭だ。

ナッちゃん

仙台市在住の根古田さんが、女子高生時代に体験した話である。


夏休みも終盤に差し掛かったある日。

彼女が所属する美術部は合宿に行くことになった。

向かったのは宮城県北部、三陸沿岸のとある町。

二泊三日の行程で民宿に泊まりこみ、スケッチの練習に勤しんだ。


帰仙を翌日に控えた夜。

根古田さんを含む三人は、寄せ合った布団に寝転がって怪談に興じていた。

襖を外して続き間にした隣室では、オカルトに無関心な友人たちが悪趣味だと文句を言っていたが、そんなことは気にしない。

薄暗い豆電球の下、自分の体験談から、真偽不明の都市伝説まで持ち寄って、話に花を咲かせていた。

二十三時を過ぎた頃だっただろうか。隣室からは寝息が聞こえている。
——でね、そのとき、顔を上げると……。
ミッちゃんの語りが、突然止まった。
話は佳境だ。どんな顔だったというのか。いったい——。
ミッちゃんは先ほどまでと寸分変わらぬ姿勢のまま、寝落ちしていた。
まるで時を止めたかのように、口をぽかんと開けたまま。
余りのおかしさに、根古田さんはナッちゃんに呼び掛けた。
急に黙ったと思ったら、ねえ見てよ、ミッちゃんのこの顔。
しかし、ナッちゃんからも返事がない。
まさか二人とも寝てしまったというのか。私を置いて。
——ぐすん。くすん。
湿り気を帯びた声が、根古田さんの耳朶《じだ》に触れた。
——寒い……暗い……寒い……暗い……。
ナッちゃんが、か細い声で何か言っている。
——誰もいないの？　私の子供はどこへ行ったの？

ナッちゃんの声なのに。ナッちゃんではない。
いつも使っている言葉ではない。話し方も違うことに根古田さんは気が付いた。
根古田さんは自他ともに認める、所謂〈零感〉である。
霊感など全くなく、故に不穏な空気も何も感じない。
けれども、ナッちゃんは確かにおかしくなってしまった。
場の雰囲気に合わせて変な真似をしたり、嘘を吐いたりする子ではないのだ。
「私の中に何か入ってきたの」「説得して追い出してもらいたいの」
ナッちゃんは時折、〈ナッちゃん〉に戻った。
そして、涙ながらに訴えた。
しかしその願いを聞き届けられるのは、今や根古田さんただ一人なのである。
——暗くて何も見えないのです。どちらが前かも分からないのです。
——私の子供が、見つからないのです。
「彼女」は心細げに呟いた。子と離れ、暗闇の中を彷徨っているらしい。
根古田さんは必死で励ました。
前へ。光を目指して。子はきっと見つかる。さあ、前へ。
不思議と、「彼女」のことは怖くなかった。むしろ、気の毒であった。

けれども、このままナッちゃんが元に戻らなかったらどうしよう。
親御さんに、何と言って謝れば良いのだろう。
朝までこのままだったら、やはりお祓いに行くべきだろうか。
どこで祓ってくれるのだろう。それでも元に戻らなかったらどうしよう。
根古田さんにとっては、それが不安で仕方がなかった。
――小さな明かりが、見えてきました。
二時間近く、「彼女」を励まし続けただろうか。
それは「彼女」にとっても、根古田さん自身にとっても希望の明かりであった。
もう少し。あと少し。根古田さんは最後の力を振り絞って励まし続けた。
――ああ、暖かい。
それが最後の言葉であった。「彼女」は遂に辿り着いたのだろう。
「彼女」は姿を消し、ナッちゃんは戻ってきた。
根古田さんとナッちゃんは、疲れ果てて眠りに就いた。
「彼女」の正体は分からない。
そういえば、「彼女」の話した言葉は、この土地の方言ではなかった。

余所から流されてきた魂なのだろうか、と根古田さんは語った。

ところで、本当に怖かったのは——根古田さんは、こう付け加えた。

「隣の部屋の子たちなんです」

彼女たち、実はあのとき全員起きてたんです。

怖いから、関わりたくないから布団かぶって寝たふりをしていたみたい。

同じ部活でも、女子の友情なんてそんなもんなんだな、って思いました。

来る者拒まず。去る者は……

福島県に住む、菅井夫妻の体験談である。

ハワイへ旅行した折のこと。世界的にも有名な某ホテルに宿を取った。
ベルボーイに案内されて部屋に入るや、御主人は違和感を覚えた。
あてがわれたツインルームが、どうにもくすんでいる。片隅にはクモの巣まで。
何はともあれ荷を解き、手洗いに入った。
こんな一流ホテルで、掃除が行き届いていないなんてことがあるだろうか。
訝しく思いながら部屋へ戻ろうとしたとき、それは起こった。
ドアが、開かないのだ。
鍵は掛かっていない。入るときは難なく開いた。押せば自然に出られるはずだ。
それなのに。
大声を出して奥さんを呼ぶ。押したり引いたり、二人掛かりである。
ぎぃ。

御主人は唐突に解放された。

「ここは何かおかしい。部屋を変えてもらおう」

折角広げた荷物を、そそくさとまとめ始める。

手が滑る。目覚まし時計を落とす。ベッドの下へ転がる。拾おうと手を入れる。

——ない。

顔を突っ込み覗いてみても、不思議なことに何一つ落ちていなかった。

ベッドの下へ入るのを、この目で確かに見たはずなのに。

「あなた、ちょっと助けて！」

今度は奥さんが声を上げた。

何事かと視線を向ければ、クローゼットを背にバタバタともがいている。

手を引き助け出してみれば、顔面蒼白で息も荒い。

訊けば、荷物をまとめるべく、クローゼットに掛けた上着を手に取ったのだという。

すると、触りもしないハンガーがどこからともなく降ってきた。

それは着ていたTシャツの襟に引っ掛かったかと思うと、ぐいぐいと奥さんを引っ張り始めた。まるでクローゼットへと引きずり込むかのように。

ほうほうの体で部屋を逃げ出した二人がフロントに事情を話すと、すぐに部屋を変えてくれたという。

「思えば予約を入れるとき、ダブルの部屋を薦められたんです。ツインにしてくれと何度も伝えたら、『一部屋だけ御用意できます』とあの部屋が用意されたのでした。まるで『ここから外には出さないよ』と部屋が意思を持っているようで、あのまま泊まっていたら……と恐ろしくなります」

そう菅井夫妻は語った。

つづく

青森県でバーのマスターを務める、植山さんから聞いた話。

二〇〇〇年七月、北海道。

当時植山さんは、温泉地にある有名ホテルに勤務していた。

ディナータイムまでは大広間での宴席やバイキングの手伝いをして、その後はバーテンダーとして腕を磨く日々を過ごしていた。

某日。宿泊客の一人が、遺体で発見された。

前夜の深酒がたたり、誤って部屋の窓から転落したものと判断された。

事故の翌日。

宴席の給仕を務めていた女性職員が、突如倒れてきたビア樽で足を骨折した。

事故の二日後。
洗い場を担当していた男性職員が、布団の中で息を引き取っているのが発見された。

事故の三日後。
バイキング用に設置していた蒸し器がガス爆発を起こし、植山さんは顔面を火傷した。
病院で措置を施されたものの、しばし寮の自室で療養する羽目になってしまった。
故に以下は、復帰後に同僚が教えてくれた話なのだという。

植山さんがケガした次の日にね、お祓いしたのよ。
流石にこれはおかしい、事故が続き過ぎてる、って話になって。
それにしても洗い場のおじさんもね……あれだけみんなで止めたのにねぇ。
あれ、植山さん知らなかった？　彼、亡くなる前の日にね。
花を持って帰るって聞かなかったのよ。あんな花をね……。
窓から落ちてなくなったお客さんがいたじゃない。あの人にお供えされた花。
ホテルで回収して、洗い場のバケツに入れてあったのよ。
それを持って帰って次の日に亡くなるなんて、まるで自分用の葬式花みたいで。

一連の出来事は、全くの偶然なのかもしれない。
しかし、全てはあの大広間に纏わる出来事である。
凶事の皮切りとなったあの宿泊客は、大広間の直上の屋根に転落して亡くなっている。

はじめての

来る。

久しぶりの感覚に、当時女子大生だった山澤さんは目が覚めた。

ざわざわと肌が粟立つような感覚。

間違いない。金縛りの予兆である。

早く来て。山澤さんの胸は期待に震えた。

始まりは、入学式のその夜だった。

引っ越しの手伝いに来ていた母親はようやく実家へ帰り、一人で過ごす初めての夜。

ふと気付くと、身体の自由が利かなくなっていた。

ベッドの底へ全身が引き込まれていくような感覚。

ああ、これが話に聞く金縛りというものなのか、と山澤さんは思った。

それから、金縛りは連日連夜続いた。

慣れない生活で心身ともに疲れているのだ。そう思っていた。
ところが、どうにも様子がおかしいことに気が付いた。
部屋の中に、何者かの気配がする。
単に身動きが取れないのではない。
何者かが、身体に覆いかぶさっているのだ。
耳元をさわさわと撫でるこれは、吐息ではないのか。
それなのに。何故か恐怖を感じなかった。
それどころか、重さが心地よくさえ思われた。
いつしか、金縛りを心待ちにする山澤さんがそこにはいた。

あの日の金縛りは、今でも鮮明に覚えている。
ざわざわとした予兆に続いて、身体の自由が奪われる。
腕に、太ももに、そして乳房に感じる「人」の重み。
身体の芯が熱くなったその瞬間。
――！
唇に柔らかいものが押し付けられた。

力いっぱい吸われる感覚。そして、わずかな隙間からねじ込まれる感覚。
ざらりとしたものが口の中を動き回り、舌をからめ取る。
もしかして、これはキスをされているのか。
それまで経験がなかった山澤さんには、にわかに信じ難かった。
ともかく、気持ちいい。けれども、息が続かない。
「苦しい」
そう呟いた途端に、金縛りは解けてしまった。
じんじんとした余韻だけが、身体の奥底に残った。

あれ以来、随分間が空いてしまった。
けれども、また訪れてくれたのだ。
早く来てほしい。唇を侵してほしい。身体を痺れさせてほしい。
期待に全身を熱くした山澤さんの意識が、その下半身に向けられた。
いつの間にか、両脚がカエルのように広げられている。
股間を貫く違和感。
犯されているのだ、とすぐに気が付いた。

キスでさえあの夜まで未経験だった山澤さんである。
初めてのセックスは、痛いものなのだと思っていた。それなのに。
何故こんなにも求めてしまうのだろうか。
もっと、もっと。動いてほしい。貫いてほしい。
見知らぬどころか、人ならぬそれを相手に、山澤さんは本能のままに求め続けた。

「彼」とのセックスは、卒業まで続いたという。
コンパにも行かず、毎日直帰してベッドへ向かう日々だった。
当然、誰とも交際することなどなく、大学生活を過ごした。
社会人になり、実家へ戻ってからは彼氏ができたこともあった。
「それでも、何人と身体を重ねても、あれ以上の快楽は未だに体験していません」
山澤さんは少し寂しそうに笑った。

添い寝する

芹沢さんの叔父さんの家は、宮城県白石市にある。
周りを深い緑に囲まれて、平屋の日本家屋が建っているのだ。
その家で、叔父さん自身が体験した話である。

夜。余りの寝苦しさに、叔父さんは目が覚めた。
身体が重い。布団ごと畳に縛り付けられたかのように、身動きが取れない。
声を上げようにも呻くほかなく、そもそも叔父さんは一人暮らしであった。
だんだんと闇に目が慣れ、うっすらと辺りの様子が見えてきた。
いったい、この重さは何だろうか。

——!

自分のすぐ隣に、誰かが寝ている。
ぼろぼろの甲冑で全身を覆い、ざんばら髪が垂れ落ちて。
落ち武者、としか形容のしようがなかった。

その土気色の顔が、こちらを向いている。

目と目が、合った。

南無阿弥陀仏、南無阿弥陀仏……。

叔父さんは必死で念仏を唱えた。

日頃、決して信心深い訳ではない。それでも唱えずにはいられなかった。

「斯様《かよう》なものは儂には効かぬぞ」

目の前の落ち武者が、口を歪めてそう言った。

けれども、叔父さんとてそれで納得できるはずがない。

お帰りください、いいから帰ってください、と心の中で何度も言った。

「もうよい。また来る」

そんな言葉を言い残して、落ち武者はすうっと姿を消した。

「……今は改装されて明るくなったけれど、古い家独特のあの暗さが苦手で。幽霊が出ても全然不思議じゃない雰囲気はありました。家の裏には雑木林があって。叔父さんは日中、そこで黒い人影を見たとも言っていました。そしてその夜、寝所に現れたのだと。いったい誰だったんでしょうね」

芹沢さんはそう語った。

あれから、落ち武者は現れていない。

次は、いつ現れるのであろうか。

来る

四半世紀ほど昔。篠井さんが、高校一年生の頃の体験談である。

ばすん。突然、家じゅうの電気が消えた。
真っ暗な部屋に、打ち寄せる波の音と、防風林を渡る風の音だけが響く。
これが停電でないことは分かっている。ブレーカーが落ちたのはでないことも。
篠井さんは今、複数の仲間とともに、友人のアズミさん宅にいるのだ。
二階にあるアズミさんの部屋が、たまり場だった。お喋りに興じたりゲームをしたり。
今、時刻は二十四時過ぎ。昨日も、この時間であった。
今日も来るのか。篠井さんたちは無意識に身体を寄せ合った。

ガラララ、ガタン。玄関の引き戸が勢いよく開く。
ガラララ、ピシャン。忙しなく引き戸が閉まる。
ドタ、ドタ、ドタ、ドタ。板張りの廊下に足音が響く。

大股で、踏みつけるように歩いているのが分かる。
スパン、ピシャン。襖を開けて、閉める音がする。
ドタ、ドタ、ドタ、ドタ。スパン。ピシャン。部屋を一つずつ、回っている。
「姉ちゃん、ダメだ。電気点かない。ブレーカーは落ちてない」
隣室にいたアズミさんの弟が、襖の隙間から顔を覗かせて言った、そのとき。
ビタン。湿った足音が、二階へ通ずる階段の一段目を踏む音がした。
まさか。二階に上がってくるというのか。昨日は一階を徘徊しただけだったのに。
慌てて部屋へ飛び込んできた彼も、篠井さんとともに身を寄せる。
ビタン、ビタン、ビタン、ビタン。ゆっくりと、しかし確実に階段を上がってくる。
スパーン。弟の部屋の襖が開けられた。
声が漏れそうになるのを、手で押さえて皆必死で耐えている。
ピシャーン。襖が閉じられた。
ビタ、ビタ、ビタ、ビタ。次は、この部屋だ。篠井さんは下を向いた。
部屋にいた誰もが、息すらもこらえてじっとその身を固くしている。
この部屋の襖も開けるのか。入ってきたらどうすればよいのか。
考えてもどうしようもないことが、ぐるぐると頭を巡る。

……ビタ、ビタ、ビタ、ビタ。

足音は再び動き出し、廊下の端まで進み、そして気配が消えた。

電気が灯る。クロマツ林の揺れる音と、波濤の寄せる音が再び部屋に戻ってくる。


翌朝。

「じいちゃん、これどこから拾ってきたの！　すぐ捨ててきて！」

アズミさんがキンキン声で怒鳴る前を、アズミさんの祖父がよれよれと歩いていく。

その腕には、背丈よりもなお大きなサーフボード。


「――アズミのじいちゃんは何でも拾ってきては物置小屋に集める人だったんですけどね。まさかサーフボードまで拾ってくるとは思ってもみませんでした。拾った海岸に戻してからは、『あれ』は家に来ませんでした。やはり、何者かが取り戻しに来て、家の中を探していたんでしょうね」

そう、篠井さんは語った。

山形県庄内地方での出来事である。

津軽乃怪

　私が、津軽地方某市に勤務していたときの話である。

　赴任して最初の業務は、自分が仕事をすることになるオフィスの用地探しであった。

　当地への進出自体がまだ非公開であったため、不動産業者には声を掛けられない。

　そこで、家具付き賃貸アパート内の自宅を仮オフィスにして、そこを拠点に自分の足で土地を探すことになったのである。

　さほど大きくもない街の、その中心部。

　バス通りに沿って、ひたすら歩く。空き地や空きビルをリストアップしていくのだ。

　とはいえ、そうすぐに見つかるものでもない。

　かつて栄えたであろうその街の、幾つも並んだシャッターばかりがフイルムのように私の視界を通り過ぎていった。

　冬が、すぐそこまで近付きつつあった。

　日本海側特有のねずみ色の雲が厚く低く空を覆い、稲刈りを終えた田を吹き抜ける風が肌を刺した。

その日も私は、市内を歩き回っていた。もう一カ月も費やしているだろうか。

手元の地図は、ほぼ全面が真っ赤になっていた。チェック済みの物件に印が付けられ、調査済みの道は裏通りまでマーカーで塗り潰されていた。

ところがその中に、まだ真っ白なままの道があることに気が付いた。

バス通りをショートカットする、住宅街の中の抜け道のようである。

期待できないことは分かっていたが、気が滅入りつつあった私は気分転換も兼ねて行ってみることにしたのだった。

家の狭間にねじ込まれたような道である。

軽自動車でも通行に難儀しそうだと思った。

足を踏み入れた途端、すうっと空気が変わった気がした。

すぐ背後の通りにはバスも車も走っているというのに、ここには音が届かない。

ひび割れたアスファルトの路面、薄汚れたモルタル仕上げの壁、そして曇天。

上下左右を鈍い灰色に囲まれて、私はますます陰鬱《いんうつ》な気分になった。

夕方と呼ぶにはまだ早い時間だというのに、人とすれ違わない。野良猫一匹さえも。

突如現れた木造家屋は住む人を失って久しいのであろう、壁板は剥がれ、全体が大きく傾いでいる。この通りでは、家すらも息吹を失っているように思った。

この街特有の細い水路はこんなところにまで張り巡らされていて、何も映し出すことのない濁った水がゆらゆらとしている。

脇に立つ社は何故か西を向いて建っていて、おまけに鳥居もなかった。

ぴんぽーん。ぴんぽーん。ぴんぽーん。ぴんぽーん。

どこかで、インターホンが鳴っている。

私の足音以外に、そこで初めて聞く物音であった。

それにしても、そんなに何度も押さなくても良いのではないか。

ぴんぽーん。ぴんぽーん。ぴんぽーん。ぴんぽーん。

なおも立て続けに鳴らされるインターホン。

もしや子供がいたずらをしているのではないか、と思った。

音はだんだん近付いてくる。いや、自分の進む先にその家があるのだ。

ぴんぽーん。ぴんぽーん。ぴんぽーん。

この家だ。そう思った途端、音が止んだ。二階建ての、何の変哲もない家。

元々は白かったであろう壁が、今や空と同じ色をしている。

窓の向こうはがらんどうのように思われた。ここも死んだ家なのだろうか。

しかし。だとすれば、誰が訪ねてきたというのか。それとも、何かの故障なのか。

いや。それ以前に。

この家の扉には、インターホンがない。小窓の開いた木の板に、金属のドアノブがぽつんと付いているだけなのである。

ダメだ。これ以上、ここにいてはいけない。

私は本能に従って、足早にそこを立ち去ることにした。

その背後から――。

ぴんぽーん。

長月の夜に

九月に遭遇した出来事である。
布団に入った私は、どこからか聞こえてくるその音にすぐ気が付いた。
ん――――。
時刻は深夜一時を少し回った頃である。
夜更かしが過ぎて、疲れから耳鳴りがしているのだろうかと思った。
両の掌で耳を塞いでみる。音は消える。
その手を外してみる。音が聞こえる。
音は、内なるものではなく、外からのものなのだと分かった。
ん――――。
焼き芋屋の釜から発せられる甲高い音でもない。
さりとて、車やバイクのエンジンに由来する低い音でもない。
どこかの隙間から、風を切る音がしているのではないだろうか。
けれども、日中外出した際に、窓もベランダの戸も閉めている。

寝室の壁にはエアコン用の通気口もない。

風の音という訳でもないようだ。

ん――――。

途切れることなく、音は続いている。ひとときも休まることなく。

深まりゆく秋の夜長。

しかし虫の鳴き声でも、寝ぼけた鳥のさえずりでもあるまい。

吹きっぱなしの風というのも考えられない。

では、いったい何なのだろうか。

ん――――。

ここに至って、これが通常ならざるものの声である可能性を考えた。

けれども、家の中には絶対に入ってこられまいという変な自信もあった。

壁に小さな棚を据え付けてあって、そこには地元の神社の御札や、私の好きな某寺院の御札を祀ってあるからだ。

今夜はこれに、とことん付き合ってやろう。そう思った。

ん――――。

これが仮に声だとするならば。

中性的であるが、女性のものだろうと思った。抑揚のない鼻歌のようにも聞こえる。
勿論、息切れもせず、二階の外で声を出し続けられる人間などいない。
ここに現れる理由は皆目分からないが、そういうもの、なのだろう。
ん――――……。
あぁ。声が小さくなった。帰るのだろうか。
――んんんんん。
私がいる寝室は、北東の角部屋に当たる。
ベッドを置いた北側の壁に窓が、東側にはベランダがある。
それに沿って、右へ左へ、行きつ戻りつしているのだ。
声が何度も、大きくなったり小さくなったりする。
家の中へ入る隙を窺っているのだろうか。
初めて意図めいたものを感じて、少し怖くなった。
ん――――。
空が白んでくる。
新聞配達のバイクがバタバタとギア音を立てる。
大通りを走り始めた車はまだ眠たげである。

気合いを入れるように、始発電車の警笛が鳴る。
それなのに。まだここにいる。
相変わらず、時折移動しながら、音符のない鼻歌を、息継ぎもせず歌い続けている。
結局、五時十二分まで彼女はそこにいた。

日中。
あれは何だったのだろうかと、回らない頭で考えた。
前日は、彼岸の中日であった。
妻と義両親とともに出向いた墓参り。
田舎の墓地であるから、街中のそれほど整備が行き届いていないのが気になった。
世話する者がいないのか、雑草にまみれた墓。
墓石すらなく、単に土を盛っただけのような墓。
我が家を訪れたのは、そこで眠る誰かだったのではなかろうか。
というのも、こんなことがあったからだ。
墓参りからの帰り道。妻に運転を任せ、私はナビシートに座っていた。
秋風の心地よい、窓を全開にしてのドライブ。

何箇所かで寄り道をしたのだが、駐車の都度、パワーウインドウが閉まらない。途中で、くっと引っ掛かったかと思うと、また開いてしまうのだ。子供が身体を挟まないように工夫されたフールプループ。その機能が作動している。あのときは単なる不具合だと思っていたのだが。

もしかすると。

ずっと彼女は、私の傍にいたのではないだろうか。

半身を大きく車の中にねじ込んで。

パワーウインドウに挟まれつつ、こちらをじっと覗き込んで。

文化は君を彩った

新聞社では文化部に所属している。

文化の中にある怪談を披露したい。


明子さんは中学校に入学するまで、書道教室に通っていた。

小学校低学年の頃は教室終わりに先生がお菓子をくれるのが楽しみで、高学年になった頃には、書道を学ぶその時間そのものが好きになっていた。

教室の仲間との交流も楽しく、「もし中学でバレー部に入っていなかったら今でも続けていたかもしれない」と明子さんは話す。

書道の基本の一つに臨書がある。簡単に言うと、先達が生み出した美しい文字を書き写す鍛錬だ。

その日、明子さんは先生が拡大コピーした書をお手本に筆遣いを学んでいた。

練習とはいえ、ゆっくりと丁寧に書すのが肝要と教えられている。

気持ちを落ち着けて、すぅう、と息を吸い墨を付けた筆を半紙に下ろす……瞬間に教室内に「違う！」と大人の男の声が響き渡った。

ん。わ。え。といった困惑と驚愕《きょうがく》が入り混じった声で教室はざわついた。

その声を出すに該当する大人が教室内にいないのだ。

先生は年配の女性で、見ると先生もぽかんと口を開けて驚いている。

皆が筆を振るっている場なので、誰の何が「違う」とも分からない。

誰の声によるものかは結局判断できなかったのだが、この一件以降、教室で急に「違う！」と声を出すのがしばらく流行ってしまい、先生がほとほと困ったそうだ。

*

牧野君は大学で合唱サークルに入っていた。
五、六人ほどの小規模なサークルで合唱曲を歌うこともあればポップスを歌うこともあり、厳しい顧問がいた高校の合唱部と違った気楽さが気に入っていた。
手続きをして空いている教室を借りることも可能だったが、書類を提出するのが煩わしかったため、練習は中庭がほとんどだった。

男子と女子の割合は半々くらい。

ヤンキーに囲まれていた高校時代の頃のように歌う様を誰かに笑われることもなく、とても気持ちよく活動できる。

「あれ？　今日は希美さんは来ないの？」

「体調悪いって。『気にしないで練習してて』って電話で言ってたから」

皆で都合が良い時間を相談して活動をした。

相談の時点で一人でも欠けるようなら別日にする。メンバー間の仲が良かったので、自然消滅することもなさそうな安心感があった。テスト期間になると月に一度しか練習をしない日もあったのだが、それはそれで構わない。しかし、今回のケースのように急な病欠なら折角集まったということで、いるメンバーだけで練習をすることもあった。

メンバーから募った何曲もの練習曲をその日の気分で歌う。出来が良いものは学園祭で披露することになっていた。

皆で中庭に立ち歌っていると、知らぬ間に希美が合流して、列に加わっていることに気が付いたが、ハーモニーを具合よく奏でている最中なので、あくまで視線を送って挨拶を交わし合った。

しかし歌い終わったときには希美の姿がまた見えなくなっていた。

いつの間にか合流し、いつの間にかいなくなった希美に、牧野君は不安を覚えた。

オカルト脳を発動させたメンバーの一人が「もしかして……」と希美の携帯に電話を掛けた。

「えぇー。熱出してるだけだよー。寝てたからー」

と思ったより元気な希美の声。

「今、希美、ここに来てたんだよ！」

「んな訳ないじゃん」

「夢見たとか何かないの？」

「ないよー。ぐっすり寝てたよー」

そんな顛末《てんまつ》だったそうだ。

＊

ある油彩画家が亡くなった。

元来酒好きであったが、晩年は呑まないと描けなくなっていた。

高校の美術教諭だったが、職員室でも酒の臭いを撒き散らしていたため失職し、それからは日雇いで道路舗装の仕事をしていたそうだ。

油絵の巧みさは誰もが認めるところで、酔っていても朗らかな性格だった。

吐瀉物を喉に詰まらせての孤独死、という人生の結末は、彼を知る人の心を深く沈ませた。


さて、それからのことである。

彼と付き合いがあった画家たちの間で、「展覧会をすると、会場を準備している間に明らかにそれと分かるウィスキーの匂いがする」と噂が立つようになった。

この話を教えてくれた画家の三浦さんも、自身が絵を出品した展覧会の準備中に匂いを感じたことがある。

彼が愛した、芸術の源の匂いがする。

悲しい香りが、創造を包み込む。

やめて

　仙台市在住の、竹山さんの体験談である。

独り歩く、深夜の帰り道。
人通りのすっかり絶えた目抜き通りの突き当たり。
わずかばかりの明かりが灯った公園の、鬱蒼《うっそう》とした木々の向こうから話し声がする。
あ、これは——竹山さんの本能が危険信号を発した。
竹山さんはポケットからスマートフォンを取り出した。
指が画面上を滑らかに動き、再生ボタンを押そうとした刹那。
「やめて」
斜め後ろの虚空から、男の声がした。
竹山さんは心霊現象に遭遇すると、スマホから大祓詞《おおはらえのことば》を流すようにしていた。
その日もそうした。

青森乃暖

戦後、勘蔵さん一家が満州から帰国してからの話である。

親戚を頼って得た小さな部屋で、家族五人は身を寄せ合って暮らした。

最低限の日々の糧にも困る生活だった。

「さ、さん《寒》びぃ《い》な」

秋が訪れると、勘蔵さんは隙間風に震えた。

暖を取れる類のものは全て家族に与えている。

これから冬が来ると思うと、これは流石に大黒柱の死活問題である。

だが、幸いなことに、

「布団いらねがー。布団いらねがー」

勘蔵さんは道すがらに行商人に出会った。

「待ってけろ！　布団！」

「あら、あんた、布団！」妻が驚きの声を上げる。

「んだ。布団だ」

「良かったわね！　でも、どやして買ったの？」

「中国から持ってきた、あの乾物あったべ。あれど交換だ」

「乾物と。持つべきものは乾物だじゃね」

「んだ。持つべきものは乾物だじゃ」

という訳で、勘蔵さんは晴れて布団にくるまって寝ることができた。

のだが。


重ぐねがー。重ぐねがー。


毎晩、布団からそんな声が響く。

「さしねえ！」

叫んで起きると当然家族が心配する流れだ。

「あんた……また布団が喋ったのが……」

「んだ、また布団だ……」

折角手に入れたというのに、

重ぐねがー。

が、うるさくて眠れない。

ただの布団が重たい訳ないだろうに。

化け物め。

そしてその夜、遂に勘蔵さんの堪忍袋に限界が来た。


重ぐねがー。重ぐねがー。重ぐ。

「さしねえ！　いっつもいっつも何よ！」

勘蔵さんは親の仇と言わんばかりに、布団を力任せに破った。

「さしねえ！　さしねえ！　さしねえ！」

生地から綿が飛び出る。

そして、ゴトン、と一つの骨が落ちる。

続いて、モサッ、と一束の髪の毛が落ちる。

「これが！　これのせいが！」

骨と髪、千切れた布団の欠片を手に勘蔵さんは外に飛び出した。

「ざまあみろ！」

マッチでそれらに火が灯される。

「化け物が……あったけえや」

軒先で布団の焚き火に当たる勘蔵さんの満足げな顔を、家族はただ眺めるばかりだった。

狂駆

元陸上自衛官の山内さんが、八戸駐屯地勤務時代に体験した話である。

空気すらもキンキンに凍てつく、真冬の夜のこと。

当時、警衛勤務の巡回コース内には「旧監視所」と呼ばれる建物があった。

その当時、既に使われておらず、廃墟寸前のコンクリート製の箱がぽつねんと、駐屯地の広大な敷地の片隅に建っていたという。

何故そんな建物も巡回していたかというと、中に仮眠所が設けられていたからである。

仮眠所と言っても、隊公式のものではない。「気の利いた」誰かが、ベッドとストーブを勝手に持ち込んでいたのである。

巡回に出掛けた隊員は、あらかじめ定められたポイントでタイムカードを打刻し、所定の巡回を果たしたことを証明する。タイムカードさえ押されていれば、そのポイントの間は「何をしていても」分からない。

その日は一段と寒かった。とてもじゃないが敷地の隅々まで巡回などしていられない。

山内さんも好意に甘え、巡回をサボる、もとい一部省略して休息を取ることにした。

とうに感覚のなくなった指で、石油ストーブのスイッチを入れる。

いつでも巡回に戻れるよう、半長靴を履いたままごろりとベッドに転がった。


張り詰めたままの神経が何かの気配を感じて、目が覚めた。

ほのかに漂う灯油の匂い。視界の隅にある窓は、白く曇っている。

バタバタバタバタ！　床に叩きつけるような足音がする。

様子を窺おうとして気が付いた。身体が全く動かない。

ヒャハハハハハ……！　ねじの一本取れたような笑い声がする。

この建物内には自分しかいないはずである。そもそも、警衛中に足音を立てたり、声を出したりするような非常識な者は自衛隊にはいない。

音の出所を必死に目で追う。あれだ。あいつに違いない。

真っ白い、ぼんやりと人の形をした影が、部屋の中を走っている。

ドタドタと足音を立てながら。ヘラヘラと大声で笑いながら。

仰向けに寝る山内さんの右側の枕元から現れたそれは、足元にあるストーブをぐるっと回りこんで折り返し、左側の枕元に至って消える。しばらくすると再び右側の枕元に現れ、部屋をぐるっと回って左側に消える。ひたすらそれを繰り返す。

山内さんの頭のすぐ先は壁である。つまり、壁をすり抜けて大きく円を描くようにしてぐるぐると走っているのである。

山内さんはただ、身動きの取れないままそれを眺めることしかできなかった。見知らぬ狂人と同室にいるのは心地よいものではない。ましてやそれが、人ならざるものであればなおさらである。怖いというよりも、気持ち悪いという感情のほうが勝っていたという。

やがてそれは、バタンと扉を開けると、そのまま走って部屋を出ていってしまった。


狂ったような笑い声が遠ざかると、金縛りも解けた。

起き上がって見てみれば、先ほど開けて出ていったはずの扉は閉まったままで、あれが走り回った痕跡はどこにも残っていなかった。

釈然としないまま巡回を終えた山内さんは、上官に見たモノを報告した。

「――ああ、お前も見たか。何だか訳が分からんよな。まぁここは旧軍時代から使われているから、何が出てもおかしくはないさ。ところで、あれを見たということはお前、警衛勤務中にサボって寝てたな？」

駆け足、始め

四半世紀以上、昔の話である。

陸上自衛官は「走るのが仕事」と呼ばれるほどによく走る。

移動時も「三歩以上は駆け足」であり、一日の仕事の終了後にも「体力錬成」と称してひたすらランニングを繰り返す。

その日も、彼の分隊は訓練後にランニングに出掛けたのだという。

当時勤務していたのは、全国でも珍しい、敷地内に演習場がある駐屯地であった。

とにかく、だだっ広い。見渡す限り一面に木々が生い茂り、敷地の端がどこにあるかなど全く分からないのである。

その森の間を縫って、網目のように演習道が通っている。

ここを、一個分隊七、八名が一列縦隊を作って隊舎まで走って帰るのだ。

オリーブドラブ色のTシャツにジャージと身軽な服装をしているが、ただでさえ訓練で一日中酷使した身体である。半長靴が鉄の塊のように重く感じられる。

石ころやぬかるみに足を取られながらも、それでもなお走るのである。

ハァハァという呼吸音と、ダッダッという足音ばかりが耳に響いた。


どのぐらい走った頃だろうか。彼はあることに気が付いた。

誰かが——後を付いてきていないか？

足音が、先刻よりも増えている気がしてならないのだ。

音を聞き分けて数えた訳ではない、後ろを振り返った訳でもない。

けれども、年中同じ面子で走っていれば、自分たちの足音ぐらいは分かるものである。

隣を走る同期も違和感を覚えているのだろうか。目線が泳いでいる。

ほら、さっきの曲がり角から。茂みを一つ通り過ぎるたびに。

タッタッタッタッ。幾つもの足音が。ハッハッハッハッ。荒い息遣いが。

一つ、また一つと増えている。

他の分隊員も気付いているに違いない。コピーしたかのように整然と並んでいた影が、足取りが乱れ、でこぼこになっているではないか。

しかし隊舎まではまだ遠い。先ほどまで見えていた真っ赤な夕陽も梢《こずえ》の向こうに沈んだ。

次第に色を落としていく演習場の中で、満ちてくる闇に比例するように恐怖心が増す。

「おい。おかしいよな」誰かが小声で言った。「増えてるよな」誰かが小声で答えた。「見るか?」「見るか?」「よし見るか!」……意思がさざ波のように広がっていく。

――三、二、一、今ッ!

号令に合わせて、全員が振り返った。その視線の先にいたものは――。

野犬である。

あの当時、まだ野犬というものがこの世には存在したのだ。

十四はいるだろうか。口から舌をはみ出させ、四肢をフルに使い追いかけてくる。

何だ、犬かよ。分隊に広がりかけた安堵《あんど》は、すぐに雲散霧消した。

もう一人、いる。

野犬の後ろを駆けて、追ってくる者が。

テッパチと呼ばれるヘルメットを被り、その下は完全武装の迷彩戦闘服姿である。

こんな奴、うちの隊にはいないぞ。全員がそう思った。

ではどこか、別の隊の人間が間違って付いてきているのだろうか。

いや、それはあり得ない。なぜならこいつは――。

テッパチのその下、黒くドーランを塗っているのか、それとも単に陰になっているのかは分からないが、表情の読めない顔に両眼がらんらんとしているのは分かる。

そして両眼の間にはぽっかりと穴が開いていて、そこから血が流れているのも分かる。

彼はそのとき思い出した。

この駐屯地に赴任して間もない頃、中を案内してくれた先輩隊員が話していたことを。

「これがこの演習場の歩哨小屋ね。ここさぁ、室内で自殺した隊員がいるんだよ。小銃でてめぇの額撃ち抜いてさ。だからほら、ここ、壁に穴が開いてるだろ。弾が抜けたの」

ランニングの残りの過程が、己の肉体に何度も鞭打ちながらの全力疾走となったことは言うまでもない。

服務中異状なし

具体的な駐屯地名、職・姓名は伏す。

――○○士長、火薬庫内のカメラに人影あり。中を見てきてくれ。

雑音の混じるトランシーバー越しでも、上官の声が上ずっているのが分かった。

深夜の静寂に慣れきった耳に、きんきんと響く。

駐屯地内の各所には監視カメラが設置されていて、その映像が警衛所に複数台置かれたモニターに映し出されているのだ。その一つに、白い人影が動いていたという。

士長は顔を強《こわ》ばらせた。

弾薬庫の警備に当たる隊員は実弾の入った弾倉と銃剣を装備し、小銃を携行している。それだけ、弾薬庫は重要な警備対象ということなのだ。

日付が変わり、結構な時間が経っている。こんな時間に庫内にいるのは、確実に不審者である。そして不審者がいるということは、最悪の場合は実弾を使ってでも、自分がその行動を阻止する必要があるということなのだ。

しかし。自分も、組んで行動していた相番者も、周囲の警戒は厳に為していた。
どこに入り込む隙があったというのだろうか。

弾薬庫は、古墳のように堆《うずたか》く台形に盛られた築山の中にある。
所定の手続きを経ると、重々しい音を立てて分厚い鉄の扉が開く。
鍵にも、扉にも異常はなかった。人が侵入した形跡はない。
高く、しかし整然と積まれた弾薬箱の間を縫うようにして歩く。
コツーン、コツーン、コツーン。自分の履く半長靴の音だけが響く。
真っ暗な庫内を、懐中電灯の光だけが前後上下左右に動く。
もし誰かいたとして、定められた手順通りに行動できるだろうか。
銃を構え、誰何《すいか》し、三度訊ねて答えがない場合には、捕獲又は刺・射殺すべし。
庫内の隅々に光を向けるべく、懐中電灯を握る手に自然と力が入る。
——今、床に何か見えなかっただろうか?
舐めるように床を照らしていく。無機質なコンクリートに付けられた、まだら模様。
汚れだろうか。いや、これは。手形だ。足形だ。
五指を広げた手形が。裸足の足跡が。狂ったように床一面にスタンプされている。

これは只事ではない。上司に報告せねばと思ったそのとき。

気配を感じる。誰かが、自分の背後に立っている。

ほんの今まで、自分以外に誰もいなかったはずのこの庫内に。

足が震える。手が震える。

しかし、任務である。意を決して、振り返った。そこには——。

副団長がいた。

モスグリーンの制服に身を固め、制帽を被り、こちらをじっと睨みつけている。

自分の目と鼻の先に立っている。吐息すらも感じられるような距離である。

それが生きた人間であったなら。

だが副団長は、先日自殺したばかりなのだ。駐屯地中の隊員が知っている事実である。

「服務中、異状なああああしっ！」大声で叫んだ。

警衛中に上官に出会ったときの、それがルールであった。大声でも出さなければ、頭がどうにかなってしまいそうだった。

副団長は満足したのか、すうっと、物も言わず煙のごとく消えていった。

「床に手形や足形があったということですが、裸足で現れたのですか？」私は問うた。

「いえ、副団長は革靴を履いておられました。きちんとした人でしたから。そもそもあの手形足形は、副団長のものなどではないのです」

今は退官し、民間企業に勤める彼は断言した。

怪訝な顔をする私に、彼はこんなことを語り始めた。

「副団長は自殺したと言いましたよね。そのときのことなのですが……」


——その日、副団長は所定の時間になっても出勤しませんでした。携帯電話を鳴らしても、繋がりませんでした。そこで、命ぜられて自宅に様子を見に行きました。

それは駐屯地からさほど遠くない場所にある、マンションの一室でした。

玄関の鍵は開いていました。フローリング張りの廊下を進んでいきます。

このとき、何かがおかしいとは既に気付いていたのです。けれども、その違和感の正体には考えが及びませんでした。

右に左に幾つか並んだ部屋を見て、分かったんです。この家には、生活感がないと。

そして廊下の突き当たりにあった扉を開いて、絶句しました。

真正面で、副団長が首を括って亡くなっていたのです。

それだけでも異様な光景ではあるのですが、遺体の周囲はもっと異様でした。

副団長は居間で亡くなっていましたが、居間にすら生活感が全くないのです。床一面、埃がうっすらと積もっていました。いったい、どうやって暮らしていたというのか。

そして。

埃には、べたべたと無数に付けられた、手形と、裸足の足跡があったんです。

部屋の中をぐるぐると渦巻くように、付けられていました。

その主ですか？　分かる訳がないじゃないですか。

でも、あのときと同じものが、きっとあの弾薬庫の中にもいたんでしょうね。

教習中

深夜。駐屯地内をパトロール中の体験談である。

広大な駐屯地の片隅に建つ、古びた建物。事前に定められたコースに従って、この建物は内部も見廻りをせねばならなかった。


バラララ……。芝刈機よりも重く、トラックよりは軽い発動機の音が近付いてきた。

キッ、と微かなブレーキ音がする。ガタン。スタンドを立てた気配がした。

偵察用オートバイが帰ってきたのだと思った。偵察用オートバイというのは、戦闘部隊に先立ち敵情視察するために、野山を走り回るように作られたオフロードバイクである。

しかし、消灯時間はとうに過ぎている。

それ以前に、ここは駐屯地内の教習所なのだ。訓練生が、課業時間後にバイクを動かすことなどあり得ない。

いや、そもそも……。音だけして、前照灯の光が全く見えなかったではないか。

まっすぐ伸びた廊下の左手に、講義室が並んでいる。廊下と講義室の間の壁には大きなガラスが入っているから、バイクが外を走ればその光はここまで届くはずなのだ。

いったい、何が起きているのだろうか。講義室越しに外の様子を窺おうとして、思わず息を呑んだ。

誰か、いる。

前後左右に規則正しく並んだ机と椅子。その一つに、人が座っている。

月明かりも星明かりも射し込まない中、周囲よりもなお黒い壁は確かに人間の形をしている。額の部分には突き出した庇。頭全体を覆う丸い影。

ああ、これは一般隊員が被る鉄帽ではない。オートバイの乗員が着用する、バイク用のヘルメットなのだと気が付いた。

ヘルメットを被り、授業に傾注する学生が如く、じっと前を見つめて座っているのだ。

そのとき、ふと思い出した。ここ最近、先輩隊員が口にしている噂話のことである。

数週間前、偵察用オートバイの教習中の事故で、若手隊員が殉職した。

安全管理を何よりも重視する自衛隊に於いて、死亡事故などあってはならぬことだったのだが、どうやら教官の指導を無視した末の事故であったらしい。後世への教訓のため、半ば見せしめのため、事故で壊れたバイクを教習所の建物の裏に残したままにしてあるのだという。

以来、殉職隊員の霊が出るのだ、と。

トイレに入っていた教官が、窓から火の玉を見たという話もまことしやかに広められていた。ぐちゃぐちゃの鉄塊からふわりふわりと浮かび上がる青白い炎を。

まさか、そんなことがあるまいと思っていた。けれども。

今目の前にいるのは、誰だ。

本来であれば、不審者に対しては誰何せねばならない。しかし。

この影が、所属や氏名、階級を答えるであろうか。

答えられても、困るではないか。もし、殉職した隊員のそれであったなら。

影は、こんなだっただろうか。もしかして、こちらを向いているのではなかろうか。

――これ以上、ここにいてはいけない。

訓練で培った己の感覚に忠実に、その場のパトロールを途中で切り上げることにした。

規律と科学的合理性を重んじる組織だが、こんなこともあるのだ。そう話は結ばれた。

東北方面隊隷下の、某駐屯地での出来事だという。

その後の廃バイクの行方は、知る由もない。

やはり出る

道理でこのベッドだけ、誰にも使われず不自然に空いていた訳だ。

全身を金縛りに遭いながら、当時陸上自衛官だった山内さんは思った。


今、山内さんがいるのは隊舎ではなく、警衛所という建物である。

正門を入ってすぐにあり、来訪者が面会手続きを行うほか、駐屯地の警備に当たる隊員たちの拠点として使われる施設である。警衛所には仮眠所が併設されていて、当直勤務に当たる隊員たちが交代で身体を休めることができるようになっている。

「ああ、別に気にしなくていいから」

先輩隊員は確かにそう言ったはずではなかったか。よくある奴だから、と。

ベッドの枕元の直上、壁に古びた御札が貼ってあったのだ。陽に灼けて字は少しばかり薄くなってはいるが、どこかの寺社で受けてきたと思われる厄除の御札である。

確かに――。駐屯地内には、それとなく御札が貼られていることがあった。敢えてその由縁を調べるような真似はしないけれども。

だから気にせず、言われるがままにそのベッドを使わせてもらうことにした。
窓から見える外は仄明《ほのあか》るい。朝は近い。まさかこんな時間に金縛りに遭うとは。
足元に何か硬くて重たいものが載っているのが、気になって仕方がない。
手足も首も、寸分たりとも動かすことはかなわない。
演習中に斥候をするように、目だけをギョロリと動かしてそっと足元に目を凝らす。
直方体。子供の背丈ほどの大きさの。開き戸が付いていて、黒く塗られた――。
仏壇である。
仏壇が、自分の足の上に載っているのだ。理由は当然分からない。
ガタガタガタッ。突如、仏壇が音を立てた。
弾け飛ばんばかりに、右へ左へ上へ下へとその身を揺らしている。
ガタガタッ、ガタガタガタガタッ。おまけにこちらへ近付いてくるではないか。
足元から膝、太もも、腹へ。膝行《いざ》るように、じわりじわりと距離を縮めてくる。
バタン！　爆《は》ぜるが如く仏壇の扉が開く。中から飛び出す黒い塊。
老婆である。血まみれである。吊り上がった目に、むき出しの歯。
老婆は両手を山内さんの首に回すと、力いっぱいに締め始めた。

何事か口走っているが、何を言っているのか聞き取れない。
抵抗しようと思っても、相も変わらず身体がピクリともしない。
皮膚に指が食い込む。血流が止まっていく。酸素の供給が滞り、意識が薄くなる。

気付くと、朝であった。
仏壇も老婆も跡形もなく消えていたが、首には老婆の指の感覚が未だに残っていた。
やはりあの御札は、「気にしなくていい」ものなどではなかったのだ。
早々に、墨痕も鮮やかな新たな御札を壁に貼る。すると。
壁一枚隔てた消防隊の詰め所に仏壇が現れたという。勿論、老婆も。
青森駐屯地での出来事である。

一月二十三日

青森市に住む山内さんが、自衛官時代に体験した話である。


青森駐屯地でのこと。

夜半になって勢いを増した雪は、一段と大きな牡丹の花弁を降り積もらせていた。

しかしそんな日であっても、警衛勤務は容赦なくやってくる。

警衛勤務とは、駐屯地の営門、すなわちゲートに設置された哨所と呼ばれるボックスに詰めて、不審者が侵入しないように監視する仕事である。

とはいえ、基本的には何も起きないのだ。

外は氷点下だが哨所にはストーブが入っている。勤務の性質上、音楽を聴くことも本を読むことも許されない。ただ、じっとしているしかない。そういう仕事なのだ。

しかしそうしていると、時間の感覚が曖昧になり、一分間が無限に思えてきた。

幾たびも押し寄せる眠気の波に、船を漕ぎ始めた山内さんであったが。

外に唐突に人の気配を感じ、慌てて居住まいを正した。

暗闇に目を凝らすと、駐屯地から隊列が出発しようとしているようだ。

降りしきる雪の向こうに、もくもくと黒い影が連なっているのが見える。

一個中隊規模、ざっと二百人ぐらいと見積もった。

こんな時間から出発するとは、夜間演習でもあるのだろうか。

制服に身を包んだ隊列が哨所に差し掛かる。慌てて起立し、敬礼で出発を見送った。


しばらく経った頃、山内さんの元へ上官が巡察にやってきた。

異状の有無を報告せねばならないので先刻の隊列のことを告げると、それはおかしい、今夜は夜間演習などなく、従って駐屯地を発つ隊もいないと言う。

「それでお前、門扉は開けたのか」

そう訊かれて、はたと気付いた。門扉の開閉も哨所で行うことになっている。山内さんは門扉を開けていない。だとすれば、駐屯地からは出られない。

外へ出てみれば、あれだけの人数が通過したはずなのに足跡が全く付いていない。綿を敷き詰めたように、ふわふわの新雪が一面を覆うばかりである。

「今日は何の日だか分かるか」

促されるように問われて、山内さんは思い出した。

一月二十三日。

旧陸軍歩兵第五連隊二百十名が、八甲田山へ向けて雪中行軍に出発した日である。彼らに降りかかった厄難と結末については、青森県民には知らぬ人はいないし、隊内の教育でも取り上げられていた。

そういえば、演習ならば戦闘服を着ているはずである。しかし彼らは制服姿であった。その制服は果たして自衛隊のものであったろうか、とおぼろげな記憶を辿っていると、上官はこんなことを訊いた。

「ところで、ちゃんと敬礼はしたんだろうな」

はい、しました、と答えると、ならば良し、と上官はそのまま去っていった。

現在の青森駐屯地は戦後の開設であるが、旧第五連隊が使った兵舎が移設され資料館として整備されており、その館内には雪中行軍兵士の遺品が多く保存・展示されている。

雪中行軍隊が今なお「帰営する」という話は幾つかあるようだが、出発するという話は珍しいように思うのでここに記しておく次第である。

深夜の来客

昨夜、うちに幽霊が出たよ。
ある日の菅井夫妻の会話は、奥さんのこんな一言から始まった。

夜中にトイレに起きた奥さんは、思わぬものと遭遇した。
隣の子供部屋から、扉も開けずにぬうっと男が現れたのだ。
開襟シャツにスラックス姿。
頭の先から何も履いていないその足先まで、全身がずぶ濡れである。
真剣な面持ちで前だけをじっと見つめて廊下を横切り、そのまますっと消えた。
あれだけ濡れていたのに、廊下には一滴の雫も残らなかった。
奥さんはその間、目が合いませんようにと願うばかりであった。

話を聞いた御主人の顔色が変わった。
——それ、借金の頼みを断った、経営者仲間の青山かもしれない。

先日来、青山氏とは音信不通になっていた。

それどころか、仲間内の噂では行方不明になっているとのことだった。

数日後。御主人の予感は的中した。

隣町にある沼で、入水自殺した青山氏が発見されたのだ。

「そういえば、子供部屋って北向きなんです。そのまままっすぐ北に向かうと、丁度その沼に行き当たりますね」

家族に悪いことが起きなければ良いけれど、と思っていましたが、幸い何もありませんでした。うちに化けて出やがってと主人は言ったけれど、あの顔は悪意を持ったものではなく、何か詫びるような、挨拶に来たような、そんなように思えました――。

奥さんはそう言って、話を締めくくった。

福島県内にある沼に纏わる話である。

隣怪

昔、実家の隣に廃屋があってね。福島県で建設業を営む野村さんはそう切り出した。

元々は小料理屋だったらしいんだけど、物心付いたときにはあばら家でさ。

柱は傾いてるし、屋根瓦は半分落ちてるし、壁も腐って穴が開いていて。

でもまだ人は住んでるから、正確に言えば廃屋ではないんだな。

その地所を半分、うちの会社で買い取ったのさ。駐車場にしようと思って。

家の過半を解体することになったんだけど、それは勿論自社で。

家主は、壊さず残した区画にそのまま住んでもらう計画でさ。

工事の話が進んできたある日、お袋が変なことを言うんだよ。

「これ持ってあの家の中に撒いてこい」って。スプレータイプの除菌剤渡して。

あれに除霊の効果があるっていう話は知ってたよ。でも、どうせ後からちゃんと坊さんに来てもらうんだし、別に今やらなくてもいいじゃないかとは思った。

でもまぁ、スプレー持って家の中に入る訳さ。早くやってこいってお袋もうるさいし。

日中なのに、家の中は真っ暗で。電気の回線を切ってしまったから、というのもあるのだろうけれど、理由はそれだけだったかどうか。

一歩足を進めるごとに埃がぶわっと舞ってね。かび臭い空気が漂っていて。

さあ、さっさと撒いてやろうとスプレーを構えたら、指が動かないのさ。

脳からの信号が届いていないというか、全く思いどおりにならなくて。

もう片方の手で指を剥がして再挑戦するんだけど、そっちもすぐ動かなくなって。

右に左にと持ち替えながら一階、二階と回って戻ってくると、一階に一箇所まだ開けてない扉があることに気が付いたのさ。

造りからして、便所だろうとは思った。

開けてみると、案の定な訳。でもそこがほんと異様な空間でさ。

ただの便所なんだよ？　タイル貼りの空間に、水洗便器が据えてあるだけの。

それなのに、周りの暗闇よりももっと黒いような、饐《す》えた臭いのする空気がもくもくと湧き出してきて、意図を持って僕の身体にまとわりついてくるようなそんな感じ。

逃れたい一心で、とにかくスプレーを撒いて帰ってきたんだよ。

それをお袋に話すと、「ああ、やっぱりね」なんて言うのさ。

理由を訊いたら、こんなことを話し始めたんだよね。

——お昼に、二階のベランダで煙草吸ってたのよ。そしたらさ。
目と鼻の先のあの家の二階に、小太りの男がいるんだよ。
陽も満足に射し込まない暗い暗い部屋に、ぼうっと立って。
無表情のまま、あらぬほうをじいっと見つめて。
すぐに「ああ、こりゃあまずい」と気付いたのよ。
その立ってた場所というのが、さっきおまえが言ってたトイレの真上。
あれは「この場所が危ない」って教えてくれてたんだねぇ。

パジャマパーティー

宮城県に住む、有田さんが体験した話である。

まだ実家で暮らしていた頃。
その日も、有田さんは金縛りに遭った。
「も」というのは、当時よくあったことだというのだ。
和室に置いたベッド。
夜休んでいると、前触れもなく身体の自由が利かなくなる。
ああまたか、という思いが先に来た。
しばらく待てば、金縛りなんて解けてしまう。

ところがその日は、続きがあった。
誰かが、この部屋にいる。そんな気配がするのだ。
障子越しに、柔らかな朝陽が部屋を満たしている。

ぐるりと目だけを動かしてみても、人の姿は見当たらない。
しんと静まり返った、いつもの自分の部屋である。
けれども確実に、この部屋には自分以外の誰かがいる。
ばふ。ぐぐぐぐ……。
足元の辺り、掛け布団の一点に力が加わる。マットレスが沈む。
不意にやってきた感触に、有田さんは戸惑った。
目で確かめようと思っても、首が動かない。
視界に入るのは、自分の布団ばかりである。
ばふ。ぐぐぐぐ……。
力点がもう一箇所加わった。
自分の足を挟んで、先ほどとは対称の位置である。
マットレスがもう少しだけ沈む。
いったい、何が始まろうとしているのか。
——え。嘘でしょ。
白く連なるシーツの山並みの向こうから、黒いものが昇り始めた。
ハンドボールぐらいの大きさの。繊維質の塊のような。

ぐぐ、と一際大きくマットレスが沈むのを有田さんは感じた。
それに反比例するかのように、見えてくる。
頭だ。
ボブカットのように髪を短く切りそろえた、女の頭だ。
前髪が垂れていて、顔は見えない。
パジャマを着ている。
白い布地に、ピンクや水色、黄色の水玉模様が入っている。
肩が見える、腕が見える。
女が、ベッドへ這い上がろうとしている。
両手を布団に突いて、それを支えにして。
女の体重が、ベッドを沈み込ませていたのだ。
嘘嘘嘘嘘怖い怖い怖い怖い。
有田さんは声を上げようと思った。
何事か叫べば、母親が助けに来てくれるはずだ。
けれども、声が出ない。喉に何か詰まったように、声帯が機能しない。
ひゅうひゅうと、ただ息が漏れるばかりである。

このままでは、女が上がってきてしまう。
身体に乗りかかられたら。
いや、その前に、顔が見えてしまったら。
怖い怖い怖い怖い……！
んんんんんんんん!!
自分の呻き声で、我に返った。
女はいない。自分以外の気配も、ない。
障子越しに、柔らかな朝陽が部屋を満たしている。
身体の自由も、戻っている。

あれは夢だったのか現実だったのか、未だに分からないと有田さんは語る。
余りの恐ろしさに、一週間ぐらいは自室では眠れなかったという。
こたつで寝たり、母親の部屋で寝たり。
そうする中で、有田さんは一つ思い出したことがある。
以前その部屋を使っていた、お姉さんの言葉。

——夜中にさ。
掛け布団にばふばふ何かが乗っかってくるような感じがしてさ。
全然寝られなかったんだよねぇ。

二人きり

中国からの留学生、楊さんから聞いた話である。
彼女は学業の傍ら、青森県弘前市内の居酒屋でアルバイトに勤しんでいる。

小学生の頃。中国某都市でのこと。
彼女の家は四人暮らしであった。父と母、そして祖父。
ある日、両親が旅行に出ることになった。
今となっては行き先も定かではないが、しばらく帰ってこないらしい。
両親がいなくなるのも寂しいが、彼女にはそれ以上に気掛かりなことがあった。
祖父と二人きりになる、そのことである。

二人での生活は早速よそよそしいものになった。
会話が全くないのだ。会話の糸口すら掴めない。
面と向きあうのは初めてだったということもある。

しかしどう頑張っても、あらゆる物事が他人行儀になってしまうのだ。

夜になった。食事は何とか凌《しの》いだ。
けれども。どこでどうやって寝るのか、という問題が待っていた。
祖父と同じ部屋で寝るのは絶対に避けたかった。
何をされた訳でもないのだが、どうにも嫌なのだ。
考えた末に、居間に置いてあるソファで寝ることを彼女は選んだ。
布団はなくとも、大きなクッションに埋もれるようにすれば風邪を引くまい。

どのぐらい経っただろうか。
彼女はふと目を覚ました。
何かの気配がする。頭の上に、誰かいる。
正確に言えば、枕代わりに使うクッション越しに。人影が差している。
寝室にいない私を気に掛けて、祖父が様子を見に来たのだろうか。
ぼんやりとした薄明かりの下、眼球が焦点を結んでいく。
ひっ。

彼女は思わず息を呑んだ。
いる。クッションの上に。体育座りをして。
全身を墨でのっぺりと塗り潰したような、影としか呼びようのない人型のそれが。
ぬぬぬぬぬ、と大きく身を乗り出して、彼女の顔を覗き込んでいる。
手を伸ばせば届きそうなところに、それがいる。
目鼻も何も分からないけれど、確かに視線を感じる。
助けて助けて助けて助けて。
彼女はぎゅっと目を瞑り、心の中で叫び続けた。
その願いが通じたかどうかは分からない。
いつの間にか、意識は深い深いところへ沈んでいった。

その後、楊さんはこの黒い影を見ていない。
祖父と二人きりで過ごしたのも、これが最初で最後であった。
最後まで他人行儀で、満足に言葉も交わさないまま、祖父は逝ったという。
だから、この影の正体は永遠に分からない。

ラブホテル

仙台市に住む篠井さんが、二十年近く前に体験した話である。

当時付き合っていた彼氏と、友人カップルとともに遊園地へ出掛けた帰路のこと。

時間も遅いので、どこかで泊まろうという話になった。

山形県境にほど近いそこから、仙台市内へ向けて車を流していると、おあつらえ向きのネオンが光っているのを見つけた。

車を連ねて入っていくと、モーテルタイプの部屋が丁度二戸空いている。

友人カップルは入り口すぐの部屋に、篠井さんたちはその二つ隣の部屋へ。

いそいそと入っていった先で、それは起こった。

ピリリリ。ピリリリ。まだ何もしていないうちから、篠井さんの携帯が鳴った。

出てみれば、先ほど扉の向こうに消えていった友人の愛ちゃんである。

酷く声が震えている。何かに怯えているようだが、どうにも要領を得ない。

「ともかくいったんこちらの部屋においでよ」

篠井さんがそう言うと、彼氏に抱きかかえられるようにしてやってきた。

どうしたことか、二人とも顔面蒼白である。額には脂汗が玉のように浮かんでいる。

部屋が怖くていられないという。あの部屋は何かがおかしい。そう繰り返した。

しかし篠井さんは、いつまでもこうしてはいられないと思った。

愛ちゃんは大事な友人である。しかし彼とのお泊まりも大事である。

「付いて行ってあげるからさ。もう一回、愛ちゃんの部屋に行ってみよう」

信じていないのが半分、怖いもの見たさが半分であったという。


篠井さんを先頭にして、四人で部屋に足を踏み入れる。

あらゆる電気が点きっぱなしになっていること、あらゆる扉が開けっ放しにされていること以外には、特段変わった様子は見られなかった。何だこんなものか、と思った。

ぶん。突然、テレビの電源が入った。大きな音量で、何か深夜番組を流している。

「何これ。おかしいんだけど」愛ちゃんが泣きそうな声で言った。

篠井さんは電源を落とそうとリモコンを手にしたが、どのボタンをどう押しても一向に反応しない。がさつな音が鼓膜をひっかき、心をささくれ立たせる。

いら立った篠井さんはとうとう、プラグを引き抜いた。

けれども。相変わらず、テレビは深夜番組を流したままである。このとき初めて、篠井さんはこの部屋は怖い部屋なんだ、と感じたという。

プルルル、プルルルル。

唐突に鳴り出した部屋の固定電話に、篠井さんも愛ちゃんも飛び上がるほど驚いた。狙いすましたようなタイミングで、いったい何の用事なのかと思った。

「もしもし……」篠井さんが応じたが、返答がない。

ということは、用事があってフロントが掛けてきたのではあるまい。いったい、誰が。

背筋に冷たいものを感じながら、そっと受話器を置いた。

――うわあああっ。

今度は男の叫び声が部屋じゅうに響いた。篠井さんの彼氏の声だ。

駆けつけた篠井さんの目の前で、彼氏が浴槽を指さし震えている。

満たされた湯の中にゆらゆらと漂う、幾筋もの長い長い黒髪。

「蛇口からぬるって出てきたんだよ。蛇口から……」

彼氏が消え入りそうな声で言った。

絡みつ解けつ、くるくると浴槽の中を揺らぐ様を、ただ黙って見つめるしかなかった。

四人はベッドの脇に置かれたソファに腰かけた。誰も何も言わなかった。

テレビは相変わらず音声を撒き散らしていたが、もう何とも思わなかった。

恐怖に感情をえぐられ続けると、恐れる気力すらも湧かなくなるということを篠井さんたちはこのとき初めて知った。

ひとまず、水でも飲んで落ち着こう。コップをテーブルの上に置く。

その瞬間。四人の目の前でテーブルがゴゴゴと揺れて、コップの水がこぼれ出た。


その後のことは、正直余りよく覚えていない。

広げた荷物を手当たり次第にバッグに詰めて、震える足に鞭打つように車に飛び乗り、街の明かりを目指して真夜中の国道を全速力で走ったという。

「後日、人から教えられたのですが。かつてそのホテルでは、女性が浴槽で殺される事件がありました。現場となった一〇一号室というのは、どうもあの部屋だった気がしてなりません」

篠井さんは、当時を思い出しながらそう語った。

地元新聞記事にも事故物件サイトにも情報が掲載されているそのラブホテルは、今は取り壊されて建設会社の資材置き場になっている。

トンネルの男

仙台市在住の竹山さんは、商用や帰省の折に常磐道を使用する。
その経路上、茨城と福島の県境に近いトンネルがどうにも気味悪いのだという。

深夜、仙台への帰り道。独りきりのドライブであった。
通行量は少ない。自車のライトだけがアスファルトを照らし出す。
闇の先に口を開けた光の穴に、時速百キロで飛び込んだ。
視界がオレンジ一色に染まる。車内がふんわりと明るくなる。
壁に埋め込まれたナトリウムランプが、鎖のように連なって飛んでいく。
と、その先の、煌々《こうこう》と照らし出されたトンネルの一角に何か黒いものが立っている。
車はそれに向かってぐんぐん近付いていく。
男だ、と思った。右側車線の路肩に、男が立っている。
まだこの位置からでは、着ているものも顔もぼんやりとしか見えない。
しかし、こんな深夜である。おまけにここは高速道路だ。

つまり、あれはまともに見てはいけないものだ。竹山さんは咄嗟《とっさ》にそう思った。
男の脇を走り抜けるほんの一瞬。
窓の向こうで、男がこちらを向いたような気がした。

ともあれ、早くこのトンネルを抜けてしまいたい。
三百メートルほどの短いトンネルが、妙に長く感じられる。
ふと後ろが気になった竹山さんはルームミラーを覗いて、絶句した。
そこには、二つの目が、大きく映し出されていた。
じっと前を見つめるかのような目。自分のものでは決してあるまい。
自分の目の動きとミラーのそれが一致していない。
そもそも、目だけが映ることなどあり得ない。
ミラーのすぐ前に顔があれば話は別だが。
トンネルを抜けると、車内に闇が戻った。
それに紛れるように、ふっと目も消えた。

初ドライブの思い出

仙台市で暮らす主婦の中野さんは青森県出身なのだそうだ。
その中野さんが地元で暮らしていた、二十歳の頃の出来事である。

新車を買った。その年に登場したばかりのホンダ・フィットだった。
当然、どこかへドライブに行きたくなる。
男友達二人を誘って、岩手県沿岸部へと出掛けた。

そこへ立ち寄ったのは、ドライブの帰り道のことである。
それは、波打ち際に穿たれた天然の穴であった。
大きな波が打ち寄せると、その穴から間欠泉のように海水が噴き上がるらしい。
観光案内の看板を目にした友人が、「寄ってみようぜ」と提案したのだ。
駐車場に着いたのは、十六時頃。
晩秋ということもあって、辺りは既に薄暗くなっていた。

夏と違って観光客も少なく、土産物屋は店じまいを始めている。
まばらな人影が、吹きすさぶ風の中を行き来するばかりである。
しかし折角来たのだから、さっと見て帰ろう。
友人の提案で、ともあれ件の穴の見えるところまで行くことにした。
目指す場所へは、森の中の小道を歩かねばならない。
陽は西の山かげに向かって傾き、東に広がる海からは夜が満ちてくる。
満足に電灯もない道は、木の根や石ころで随分歩き難い。
時折、木々の向こうにぽつん、ぽつんと明かりが見えた。
たいまつなのだろうか、橙色の小さな炎がチロチロと揺れている。
ともあれ、自分たち以外にも誰かがいる、というのは心強かった。
しかし。行きついた先で中野さんたちを出迎えたのは、一面の暗闇であった。
要した時間は十五分ほど。その間に陽が完全に沈んでしまったのだ。
身を切るように冷たい風が轟々《ごうごう》と吹きつける。
海も山も見えず、ただ波の打ち付ける音だけが穴の存在を予感させた。
——これじゃ仕方ない、もう帰ろう。
誰からともなくそう言った。

中野さんを前後から挟むようにして、三人は駐車場への帰途に就いた。

足元の悪い中を歩かねばならない彼らの、中野さんへの最大限の配慮であった。

脇から飛び出した枝葉に打たれる。

無遠慮に転がる石に躓く。

それでもどうにか、言葉を交わしつつ足を進めていく。

「ちょっと、急ごうか」

不意に、殿《しんがり》を務める後藤君が言った。

声色がやや強張っている。疲れてきたのだろうか。

「もう少し、急ごうか」

後藤君は繰り返した。

しかし、そう言われてもどうにかなるものでもない。

明かりも持たず、真っ暗な山道を行かねばならないのだ。

「いいから急いで、早く」

どうしたの、何があるの。でもそんなに急げないよ。

中野さんたちのそんな言葉を制して、後藤君が語気を強めた。

訳が分からない。

けれども、これは急いだほうが良い、そんな気がした。

風が轟っと吹いて、木々が震える。

山が鳥肌を立てるように、ざわめきが広がっていく。

息が上がる。足がもつれる。それでも歩みは止められない。

「走れ！　車乗ってさっさと出せ！」

小道を抜けて駐車場へ飛び出すと同時に、後藤君が叫んだ。

叩きつけるように扉を閉める。

震える手を押さえながらキーを捻る。

アクセルペダルを蹴りつけて、寝起きのエンジンを噴き上がらせた。


「何か知らないけどさ。誰か付いてきてたんだよ」

国道に連なる照明灯が車内に射し込んできた頃、後藤君が口を開いた。

いったい誰がいたと言うのだろうか。

帰り道、あそこにいたのは私たち三人だけのはずである。

もしかして、霊的なものだというのか。しかし彼にそんな能力はなかったはずだ。

「そうだよ、ないよ。それなのに気配を感じたから、余計に怖かったんだ」

小さな声で、しかしはっきりと、後藤君は言った。

何はともあれ、三人とも無事であったのだ。

いったん落ち着いて、コーヒーでも飲もうではないか。

コンビニに降り立った中野さんたちは、今度こそ本当に血の気が引いた。

べたべたべたべたべたべたべたべたべたべたべたべたべた。

黒いハッチバックに付けられた、薄茶けた無数の手形。

余り大きくはない掌に、ほっそりとした指。

女性のもののように見えた、と中野さんは語った。

車は、すぐに洗ったそうだ。

踏切

青森県弘前市内のとある踏切を車で通過すると、車体を叩かれるような音と揺れがあり、車体にたくさんの小さな手形が付く。

という談話を以前取材し、執筆したことがある。

この話は地元の話であることと内容がイメージしやすいことから、その後の取材でも「こんな話がありまして」と雰囲気を作るのにとても役に立った。

「あっこだっきゃ、手形が付くなんてもんでねえべ」

ある日、いつものようにこの踏切の話を飲み屋で出会ったある中年男性に話したところ、こんな話が始まった。

「あそこの踏切の道よ、俺《わ》の車で夜にはっけだんずや《夜に車で走ったんだよ》」

飲み会帰り、とはいえ下戸ゆえに一滴も酒は入っていない。

辺りは暗かったが、さほど遅い時間ではなかったとのこと。

踏切が目の前に見え、一時停止のために車を減速させた。

と、突然車のボンネットに幾つかの小さな影が、人ではあり得ないほどの機敏さと跳躍力でどんどんと乗ってきた。

「猿だ！　ってまず思ったんだばって、あったとごさ猿いるわげねえべ」

危険を感じ車を止めると、そこは丁度踏切の一時停止地点だった。

ボンネットの上の影はあくまで影で、目を凝らしても人型をしているにしても、何なのかは分からない。しゃがんでいるようなシルエットにも見えるし、立っているようにも見える。しかし、辺りはそこまで暗くない。

「あ。これは見てでも《見ていても》まいねな《解決しないな》って思ってや」

影を乗せたまま、ゆっくりと車を発信させた。

丁度踏切を過ぎたところで、影はボンネットからささっと飛び降り、四方八方銘々どこかへ行ってしまった。

「作家さんは、そった話聞いたごとねえが？　おらだけが？」

「いや、ちょっとあそこに関してそこまでの話は……」

「んだが、あっこ、人死んでるべ。あった所、何でもあるべな」

ちなみに手形は付いていなかったそうだ。

スーパー・リラックス

美恵子さんは一時期、キャンドルに凝っていた。

仕事を終え、一人暮らしのアパートに戻った後はシャワーを浴びてから電気を消し、キャンドルに火を灯す。

そして女性アーティストのシックな歌を流すと、雰囲気は抜群になる。

仕事の疲れがじんわりと溶けていくような、そんな時間が部屋に流れる。

が、時折ふっと火が消えることがある。

窓も開けていない、エアコンの風もない。

なのに、まだロウも芯もあるキャンドルがふっと消えるのだ。

勿論、部屋は真っ暗になり、夜の窓を通す微かな月と星の光だけが頼りになる。

そして、そんなときはいつも、自分しかいないはずの部屋の中に、女の姿が見える。

その女はまるで鏡に映っているかのごとく、まさしく自分の見た目そのものだ。

ぼんやりと見えているだけではあるのだが、はっきりと自分だと分かる。

テーブルに置いたキャンドルの向こうに、自分が座っている。

また、キャンドルに火を灯すと、自分の姿は消える。
最もリラックスした状態のときにその現象は起きるのだそうだ。

湯治場にて

仙台市に住む紘子さんが、秋田県のとある温泉へ旅行した折の体験談である。

ここには、自然研究路という散策路がある。

すさまじい勢いで噴き出す源泉、含有成分で黄色くなった岩、立ち込める蒸気と硫黄の匂いに地球の息吹を感じられることで人気のスポットである。

彼氏の手を取り歩いていた紘子さんは、前方から向かってくる観光客が妙に気になった。

一組のカップルにどうにも違和感を覚えて仕方がないのだ。

見たところ、六十歳前後のようだ。

ポロシャツの襟を立て、セカンドバッグを抱えた男性。

ベージュのサブリナパンツに純白のトップスをまとった女性。

確かに湯治場からは少し浮いた、あたかも歓楽街にいるような格好ではある。しかし、もっと派手な身なりの人も他にいると言うのに、何故かその二人が気になった。

カップルはどんどん近付いてきて、やがて紘子さんたちとすれ違った。

余りじろじろ見るのは失礼だとは思いながらも、どうしても目が行ってしまう。

どうやら違和感の原因は、女性のほうにあるようだ。

立ち止まり、振り返ってはなおも見てしまう。


あっ！　紘子さんは出かかった声を何とか飲み込んだ。

女性の腕が、そして腰が透けているのだ。

身体の向こうにある、散策路の柵や噴き出す蒸気がそのまま見えている。

「おい、何やってるんだ。行くよ？」

立ち尽くす紘子さんに、彼氏が訝しげに声を掛けた。

それでもなお、後ろ髪を引かれるように紘子さんは半分透けた女性に目を奪われ続けた。


「顔も、足もちゃんとあるんですよ。それなのに腕と腰が透けていて。あれは幽霊なんでしょうか。でも、男性とは普通に会話をしていたように見えました」

そう、紘子さんは語った。

難病にすら効くと言われるその温泉の湯だが、身体が透ける病にも効くのだろうか。

ちべたい

冷たいものが頬に落ちてきた。

忠夫はメザシを突いていた箸を止め、掌で頬を拭った。

掌を検めると、少しだけ濡れていることが分かった。

天井を見上げるが何もない。

妻もまた箸を止め、怪訝そうに忠夫の一連の動きを見ていた。

「どした《どうしたの？》？」

「ん。何がしゃっけえくてや《何だか冷たくてさ》」

どこかから水が跳ねたのかもしれないが、その〈どこか〉の想像が付かない。

「ま。ま。いいんだばって《まあいいんだけど》……」

またメザシに箸を付けようとすると、今度は両腕に冷水が跳んできた。

「……しゃっけっ《冷たっ》！　ほらぁ……」

忠夫は妻にぽつぽつと水滴の付いた両腕を見せた。

「……なんだべ？」

「わがんねぇ……」

この日を機に、食卓での水しぶきは忠夫の中で「たまにあること」となった。

水しぶきが飛ぶ理由は分からないが、

「魚を食べていると、たまに起きる」

のだそうだ。

引っ張る夜　二篇

コウタ、タモツ、ハジメ。

高校生のヤンキー三人組だ。

その晩は、コウタの家にタモツとハジメが来て、ファミコンで遊んだ。

コウタの部屋は寝泊まりが可能で、タモツに至っては半同棲状態と言っても差し支えがないほど、しょっちゅう寝泊まりしていた。

ゲームは明け方まで続き、そのまま三人は寝てしまった。

コウタはベッド、タモツとハジメは仲良く並んでテレビの前の床を寝床にした。

「タモツ！　戻ってこいじゃ！　何やこのクソババアよ！」

ハジメはコウタのそんな大声で目を覚ました。

「……なした？」

「このクソババア！　やめろ！」

叫びながらコウタは寝ているタモツの上半身を両腕で抱えて引っ張っている。

「戻ってこい！　タモツ戻ってこいじゃ！」

ハジメは唖然としてことの成り行きを見守った。訳が分からないので、掛ける言葉もない。コウタの様子は寝ぼけているようにも見えない。全く不明だが、何か意図があるのだろう。

しばらくすると、何かが終わったようにコウタはタモツから離れ、ハジメはそのタイミングで改めて訊ねた。

「どうしたんず?」

「いや。目ぇ覚ましたらよ、テレビからババア出てきて、タモツとば引っ張ってらんずや」

「テレビから? ババア?」

「んだ、おっかねえ顔のババアだったや。タモツとばテレビの中に引っ張ろうとしてらんだ」

ハジメは(寝ぼけてた……のか)とも疑うが、はっきり目を覚まして叫んでいたコウタを見ているし、荒唐無稽な説明をするその表情もこれ以上になく真摯だったため、信じることにした。

後にタモツに確認を取ったところ、「何かに足を引っ張られたところを、コウタに助けてもらった……気がする」とのことだった。

＊

病院から義母の寿命が間もないことを告げられたとき子さんは、布団を病室に持ち込み、付き添うことにした。以前介護職に就いていたこともあり、看取ることに抵抗がないどころか、「しっかりと見送らなければ」という思いがあった。

寝たきりとはいえ、その瞬間が来るまでの世話人もいるだろうし、見舞客への対応などもある。こんなときは自分の身体も気遣う必要もある、と早めの就寝を心掛けた。

そんな夜。

妙な感覚で目を覚ました。

身体が浮いている。夢か。いや、目を覚ましている。

しかし、夢か。

床で寝ている自分の身体が、義母のベッドと同じ高さまで横になったまま浮いている。

自分の上をこれまた横たわったままの義母が浮いている。

ああ、お義母《が》ちゃが。逝ってしまう。

おまけに、自分も何故か上がっている……。

試しに手を上に伸ばすと、ぎりぎりで義母の寝巻の端に届いた。

引っ張り戻せるかもと、寝巻を掴んだところ、

ぐぅん。


と二人は病院の建物を上方に突き抜け、雲の中にいた。

このときにはもう二人の身体は横から縦になっており、ロケットのように上へ上へ進んだ。足元を見ると、青森の街並みが見え、上を見ると眩い光が見えた。

「お義母ちゃとば連れでいがねでけろ！」

とき子さんがそう叫ぶと、次の瞬間には病室にいた。

規則的に鳴る計器の音。

ベッドにはチューブが刺さった義母。

医者の見立て通り、義母が亡くなったのはその数日後のことだった。

37

ぴんぽーん。
ディナータイムが終わり、客足も落ち着いてきた店内に電子音が響いた。
談笑していたスタッフたちの視線が、一点に集まる。
パネルには「37」と表示されていた。
各テーブルに設置されている、ワイヤレスチャイムが押されたのだ。
飲食店でよく見かける、スタッフを呼ぶあのボタンである。
しかし――。
皆は首を傾げた。この店に、そんな番号が割り当てられたテーブルはなかったはずだ。
おい。これ。
震えるようなスタッフの声に、再び皆の視線が集まった。
戸棚の中、食器の奥にしまわれていたボタン。
「37」の数字は、それに割り当てられていた。
バーのマスター植山さんが、とあるビストロに勤務していた当時の体験談である。

逆さごと

「逆さごと」という習慣がある。

葬儀に際して、所作を日常のそれと逆にする、というものである。

着物の合わせを左前にしたり、布団を上下逆さまに掛けたり、或いは死に装束の足袋を左右逆に履かせたりと、地域や宗派によって様々なことが行われているようである。

由来は諸説あるようだが、彼岸と此岸を明確に区別し、生者である我々の領域に死を立ち入らせないためのものであることは間違いなかろう。


ところで、これも「逆さごと」の一つなのであろうか。

お風呂へ入ろうとした高橋さんは、ある違和感を覚えて服を脱ぐその手を止めた。

羽織っている赤いカーディガンを脱ぐことができない。あるべき場所にボタンがない。

よく見ると、ボタンが裏向きに留まっているではないか。

本来、身体側から前に向けてボタン穴を通すべきところを、向こう側から手前に通しているのだ。

ボタンを縫い付けてある側の布地を前に引っ張り出して、ボタンを後ろ向きにしてからでなければこんなことはできない。

当然、わざわざそんな面倒な留め方をするはずがない。

おまけに。四つあるボタンの全てが裏向きに留まっていたのだ。


数日後。洗濯物を干していたお母さんが声を上げた。

「何でこんな干し方をしているの？　変わった子ね」

見れば、グレーのカーディガンがハンガーに吊るされて風に揺れている。

そのボタンが、全て裏向きに留められていたのだ。


「そのカーディガン、確かに私のものなんですけどね。でも、干した記憶そのものがないんですよ。当然、他に干す人もいません。ともかく、とても気味悪い出来事でした」

高橋さんは顔を曇らせた。

岩木山

弘前市は一方通行の道や行き止まりが多いように感じられる。

小道はどこも緩やかなカーブを描いていて、目的の場所へまっすぐ進んでいるつもりが実は少しずつ離れていっている、なんてこともある。

もっとも、「ある」と言い切るには私は極度の方向音痴で、以前京都に住んでいたせいか道の分かり難さにストレスを感じがちなのだ。


真鍋さんが大学生の頃の話だ。

夜、郊外のビデオレンタル屋にビデオを返却しようと、原付を走らせていた。

住まいからレンタル屋まではまあまあの距離があったものの、夜の原付なら体感的にはそう遠くない。色々と抜け道を知っていたこともあり、距離の割にはストレスを感じたことはなかった。

大通りを曲がりまた大通りへ、そこからパチンコ屋の駐車場を抜け、また幾つかの小道を抜け、レンタル屋に着く。

はずだった。

幾つか小道を抜けたところでさっぱり場所の見当が付かない景色が広がった。

やけに田圃が目立ち、農家がぽつぽつと建っている。

道を間違えていない確信があったので、この展開には怯む。

すぐさま来た道を戻れば良かったのだろうが、（おかしいぞ）と思いつつ道を進んでしまったため、もはや全く自分がどこにいるか分からない。

おまけにまだ夜の九時前だったはずなのに、幾ばくか彷徨っているうちに、山間から朝日が昇ろうとしている。

（全然、分からない。何も分からない。状況が分からない）

何となく方向の目安になりそうなものは、朝日か岩木山だけだ。

しかし、昇るはずのない朝日が異様なものに見え、見慣れた岩木山を頼りにした。

真鍋さんはパニック状態で、取りあえず岩木山に向けて原付を走らせた。

自分の行いが正しいのか、こうやって山に向けて進むことでどうにかなるのかも不安だった。しかし自分には今、岩木山しかない。

岩木山だけが現実と自分を結び付けている。

はたと気が付いたときには、岩木山神社の前にいた。

どうやって神社の前まで走ったのかが全く思い出せない。
何にせよ、ただ、山に感謝するばかりだった。

分からずじまい

深夜の青森駅前に、衝撃音が響いた。

重量物に加速を付けて堅固なものに叩きつけた、かつ湿り気を帯びた音。

警備員の堂島さんは、建物一階にある駐車場出口の料金所兼詰め所でその音を聞いた。

徴収した料金の集計作業をしていたその手を止め、音源めがけて駆け出した。


案の定、であった。堂島さんが勤める商業施設から、男性が飛び降り自殺したのだ。

赤色の光線が交錯し、出動した警察官や救急隊員、そしてビルから出てきた同僚たちで現場はごった返していた。

堂島さんの服装を認めるや警察官がやってきて、事情聴取が始まった。

焦点はどうやら、男性はどこから飛び降りたのか、にあるらしい。

営業時間はとっくに終わっている。店舗フロアに立ち入ることはできない。

駐車場フロアには外に向かって大きな開口があるが、全て鳩除けネットが貼られていて破られた形跡は見当たらない。屋上はと言うと、高いフェンスが設置されていてよじ登るのは難しい。

「そうだ、防犯カメラの画像を見ればいいじゃないですか」

詰め所にはモニターが置いてある。施設内の各所に設置されている防犯カメラの映像を再生していけば、男性がどこから飛び降りたのかはすぐに分かるはずだ。

時間を衝撃音の前に巻き戻し、あらゆるアングルから撮られた画像を観ていく。

しかし。不思議なことに、どのカメラにも男性の姿は収められていない。

他のガードマンへの事情聴取を済ませた巡査が部屋に飛び込んできた。

――閉館後に館内を巡回したガードマンも、誰も男性を見ていないと言っています。


結局この話は――堂島さんは小声で言った。

「何もかも分からないまま、報道もされずじまいで終わったんです」

どこから飛び降りたのかも、もっと言うと飛び降りた男性の身元も分からずじまいで。

「それにしても。生きる希望を完全に失った人は、生きていた頃の痕跡どころか、カメラにすら映らなくなってしまうものなんですね」

寂しげに、そう語った。

下宿の近くの道

弘前大学入学を機に、和江さんは居を北海道から青森へ移した。

今も昔も弘前大学の近くには下宿が犇《ひし》めき合っている。


和江さんは大学まで自転車で十五分ほどの距離にある下宿に住んでいた。

下宿に隣接した家に管理人一家が住んでいて、管理人はお願いすると安価で朝ごはんと夕ご飯を作ってくれた。

学年こそバラバラだったが、すぐに住人同士で仲良くなり、概ね下宿での生活には良い思い出しかない。

厭な思い出は夜、下宿と中心街を繋ぐ道にあった。

下宿から大学に向けては小さな飲み屋街やコンビニがあったのだが、弘前の中心街に向かう道中は街灯も少なく、やけにカーブが多い。

嘘か本当か、自転車と車の追突事故で亡くなった学生が過去にいると大学で噂があった。亡くなった女性が出るとか出ないとか、そんな噂だった。

和江さんは演劇サークルに所属していた。

二年生に上がった後のある日、学園祭で披露する朗読劇の練習が遅くまであり、練習終わりに皆で先輩の行きつけのパブに行こうという話になった。

それではということで集団で駐輪場に向かい、一斉に中心街に向けてペダルを漕いだ。

若者特有の自由さで、車道を十台以上の自転車が埋める。

午後八時か九時か、とにかく大学周りの車通りがまばらになった頃の裏道だ。時折遠くにヘッドライトが見えたときに路側帯に寄ればいい。

ガヤガヤとお喋りをしながら、皆で進んだ。

「やー、ここ怖いー」

サークル仲間の一人がおどけた口調でそう言った。

その道に差し掛かると、決まって女子がそんなことを言うのだ。

その言葉に反応した、「わっ！」とわざと大声を出すのは決まって男子で、そのときもそんな一連があったことを和江さんは覚えている。

楽しい時間を長引かせようと意識が働いたのだろう、何となく皆が皆ゆっくりと自転車を漕いでいた。

「車ぁ」

先頭を走っていた先輩が後ろに向けて声を上げた。

「はぁい」

和江さんを含む後方の連中は素直に路側帯に寄り、道を空けた。

「あれ？　何が変でね？《何か変じゃない？》」

「どうなっちゅうんだっけ？《どうなってるのかな？》」

皆で前方を確認し、ボソボソとその異常について口にした。

車道の前方からゆっくりこちらに近付く光の様子がおかしいのだ。

小さな光が幾つもあり、右へ左へ揺れながらこちらに向かってくる。

車道いっぱいに小さい光があり、それは次第に大きくなっていく。

「自転車？　自転車の集団じゃないの？　うちらみたいな」

誰かがそう言い、「ああー」と納得の声が応えた。

噂のせいで、勝手に別の何かだと誤解していたことを和江さんは恥じた。

にしても、何だか変だ。

自転車と言われれば確かにそう見えるのだが、変だった。

光と光が時折交差し、上下にも動きがあるように見える。

しかし、気のせいなのだろう。そんな動きをする訳がないのだ。

そして、光がいよいよ近付いた。

「ええ？」

確かに自転車の集団だった。

「ええーー」

自転車には若い女性が乗っていた。

全ての自転車に。

同じ顔の女性が。

乗っていた。

皆で道路脇に寄っていたので、それらとはすれ違ったに過ぎない。

存外、叫びを上げるものはいなかった。

ただ、響《どよ》めきだけが起きた。

不思議なもので、パブに到着して初めて皆であの自転車について話し合った。

皆で見たのだから、やはり見たままが事実なのだろうと合意し、何杯か酒が入ってからのカラオケは、これまた存外盛り上がったそうだ。

鏡台

今は独身になった工藤さんの体験談である。

その昔、夫と仙台市内の社宅に住んでいた頃の話だという。


「おい、何で夕べは助けてくれなかったんだ」

起きてくるや否や、御主人が工藤さんに詰め寄った。

何があったのと訊けば、こんなことを話し始めた。

「――夜中、寝てると声がしたんだよ。女の声が。いや、お前の声じゃない。鏡台の方から聞こえてくるんだ。そう、お前がどっかから貰ってきたあれだよ。何だと思って見てると、白い手が出てくるんだ。細い、女の手が。その手が俺の手を掴んで……鏡の中に引きずり込もうとするんだ。その力が強くて強くて。だから叫んだのに気付かなかったのか」

「聞こえませんでしたよ。酔って夢でも見たんでしょう」

工藤さんは素気なく返した。

事実、御主人は泥酔して大声で騒ぐことも多かったのだという。

けれども。工藤さんは一抹の不安を抱いた。

その鏡台に纏わる因縁を知っていたからである。

そして、昨夜半の御主人の叫び声も、別室で眠る工藤さんの耳に届いていたからである。

だから「鏡には布を掛けておいてくださいね」そう付言したのだった。


「艶のある、濃い目の茶色のシックな鏡台でした。一畳近い大きさで、貫禄もあって。お隣に住んでいた奥さんから貰ったものなんですけどね。奥さん自身も、結婚祝いに青森の親戚から貰ったと聞きました。実はお隣の御主人は、不倫相手とホテルにいる最中に腹上死したんです。死亡退職扱いで社宅を退去することになり、引っ越し荷物を減らしたいからぜひ貰ってやって、と言われて我が家で引き取りました。外面だけは良い御主人で、奥さんはいつも『あの人は私のことを部下のように扱って、妻としては全く見てくれない』と愚痴っていました。退去のときには打って変わって清々しい顔をしていて。だから私も荷物が増えるのを承知で鏡台を譲り受けたんです」

工藤さんは言葉を継いだ。

「私の主人はね。出産のために私が入院している間に、家に女性を連れ込むような人でした。社宅内でも噂になっていたようですから、お隣さんも知っていたことでしょう。そう考えると――」

言葉を濁す工藤さんに、私は言った。

「同じく女性問題で苦しむあなたに、鏡台に曰くがあることを知った上で譲ったと」

「考え過ぎかもしれませんけどね。あの夜、あのまま主人をあの世に連れて行ってくれていたなら。調停で苦労せずに済んだのかな」

工藤さんは答えた。

「けれども後口が悪いのは……社宅から引っ越した後も、何度も何度も『うちに遊びに来ない？』って誘われるんです。お隣の奥さんに。私と家族がどうなったか、きっと興味津々なんですよ」

ちなみに件の鏡台は、社宅の物置にこっそり置いたまま出てきたそうだ。

社宅はその後取り壊され、鏡台も運命を共にしたものと思われる。

弥生の空に

――ねぇ、あれ何？　何か飛んでるんだけど！
五十メートルほど先の角を、ふわりふわりと飛んでいく。
白くて、ひらひらとした。布のような見た目の。
風など少しも吹いていないと言うのに。
この場所、この季節にしては暖かな、昼下がり。
丁度シングルサイズのシーツぐらいの大きさである。
ゆるゆると自転車を漕ぐほどの速さで、人の背丈ほどの高さを。

――金木ちゃん、どうしたの？
先を歩いていた友達が引き返してきた頃には。
もうそれは、生け垣の向こうに隠れてしまった後だったという。
正体も、飛ぶ目的も全く分からない、白いひらひら。
山形県庄内地方。三月。同僚金木の学生時代の目撃談である。

小さいおじさんの話

本書を手に取った方の中には、「小さいおじさん」の話を御存じの方も多いかと思う。芸能人による目撃談も複数あり、オカルト番組のみならずバラエティ番組でも取り上げられる機会が増えている。

身長は十〜二十センチ前後、ジャージを着ていたり着物姿であったりと様々であるが、共通しているのは「中年男性の顔をしている」という点である。

私はこれをあくまで都市伝説の一つと捉えていたのだが、今回の取材中に身近なところから目撃談を得るに至ったので、記録しておく次第である。

1　新庄さんの体験談

仙台市内で飲食店に勤める新庄さんは、その日も帰宅が深夜に及んだ。

風呂に湯を張り、じっと目を瞑って疲れを癒していると、どうにも視線を感じる。

新庄さんは独り暮らしである。当然、視線を送ってくる者などいるはずがない。

恐る恐る目を開けた新庄さんの前に、それはいた。

バスタブの縁に立つ、身長二十センチ程度の中年男性。

全く捉えどころのない、何の特徴もない平凡な顔であった。

しかし身にまとっているのは、赤地に白い側線が入ったジャージの上下。

何をするでもなく、ただ、じいっと新庄さんを見つめている。

その目は、こんなところで女性に出くわすとは心外だとでも言わんばかりであった。

どれだけの時間、目線を交わしただろうか。新庄さんは急に怖くなった。

見た目こそこんなであるが、当然、人ならざるものである。何をされるか分からない。

そう思ったときには、手が自然と洗面器に伸びていた。

浴槽の湯をぶっ掛けて流してしまうつもりらしい。

すると彼はそれを察したのか、自ら排水口へひょいっと逆さに飛び込み、そのまま姿を消してしまったという。

2　高田さん母娘の体験談

蔵王町出身の只野さん母娘から、別件の取材中に漏れ聞いた話である。

「ねえお母さん、サンタさんがいるよ」当時まだ幼かった只野さんが言った。

お風呂場に出てくるなんてエッチねぇ、とお母さんは頭を洗いながら返した。

その家では以前から怪しげな出来事が起きていたが、サンタさんという牧歌的な響きにお母さんはそれほど恐怖を抱かなかったらしい。

一方の只野さんは、最初こそ心が躍ったものの、徐々に気味が悪くなっていったという。

風呂場の窓のブラインドの脇にじっと立つ、見知らぬ「小さいおじさん」。

見た目こそサンタクロースだけれども、ただ無表情にこちらを見つめるばかり。

そしてお母さんの言う通り、女の人のお風呂を覗くサンタさんなんておかしいのだ。

目を閉じて、開けたらいなくなっていてくれないかな。

——どんな姿形をしていたか、詳しく覚えていますか。私は只野さんに問うた。

「口ひげを生やしたおじさんでした」

彼女は答えた。

「二十センチぐらいの身長で。口ひげは真っ白という訳ではなくて、むしろ白髪交じりというか、黒に近い感じでした。上下ともに真っ赤な服を着ていたのも覚えています。風呂場にいるのに、その服が全く濡れていないのも不思議に感じた記憶があります。ともあれ、口ひげに真っ赤な服。だからサンタクロースと表現したのでしょうね。結局、目を開けたときにはどこにも姿はなく、安心したのを覚えています」

ああ、それから。只野さんは付して言った。

「実は、姿を見たのはこのときだけではなくて、シャンプーボトルを置く台に座って、足をぶらぶらしていたこともありましたよ」

遠野の小さいおじさんの話

仙台・国分町のスナックで「小さいおじさんの話」をしていると「私もね、見たことがありますよ」と声を掛けてくださった方がいた。

岩手県遠野市で生まれ育った、堀口さんの体験談である。

深夜、商用で出掛けた帰り道のこと。達曽部《たっそべ》と附馬牛《つくもうし》とを繋ぐ峠道。

早池峰山へと続く深い緑の中、センターラインもない隘路《あいろ》を右へ左へハンドルを切る。

微かな月明かりの下、自車のライトだけを頼りに行く。

幾つ目かのカーブを通り過ぎた頃。

——なんだ、タヌキか？

一瞬、視界を何かがちらりと掠めた。この辺りでは、タヌキどころかカモシカやクマでさえも大して珍しいことではない。

しかし。何げなくバックミラーに目をやった堀口さんは言葉を失った。

何かが、車を追ってきている。タヌキよりもなお大きい。そも、二足歩行である。

二足歩行しているということは人間だろうか。だがこんな時間に、こんな山中に人間がいるはずがない。人間だとして、この大きさは何だ。何故追ってくるのだ。

「あああああ！」

まとまらない考えを振り切るように、声を出す。

右脚に力が入る。高くなるエンジン音。速度計の針がすっと動く。

けれどもハンドルを切るたび、ミラーに映るそれが大きくなる。確実に、近付いている。

一瞬、姿が消える。ようやく、諦めたのか。どこかへ姿をくらましたのか。

「おいおいおいおい！」

思わず堀口さんは声を上げた。

自分のすぐ脇、ドア一枚を隔てたところを、それが走っている。

身長は六十センチ程度、ぼろぼろの羽織を着て、モンペのようなものを履いて。

ドアミラーに額を当てんばかりの勢いで走る横顔は、ほのかな月光に照らされて、中年男性のそれに見えた。

このままだと、ミラーを掴まれてしまうかもしれない。ドアに手を掛けられ、開けてしまわれるかもしれない。ドアロックは掛けただろうか。しかし、ロックに目をやる余裕は今の堀口さんに残されていなかった。

一刻も早く、街の明かりのあるところまで下りなければ。

顔に脂汗を浮かべて必死でハンドルを握るうち、いつしかそれは姿を消したという。

「私の周りにも、見た者が何人もいますよ」

堀口さんは語った。

「あれは夜中に出るんです。そして車を追うんです。何者なのかは分かりませんが。だからもう、よほどの用事のあるときにしかあの峠は通りません。追いつかれたらどうなるのかは分かりませんし、想像もしたくありません。あ、そうそう。遠野市と宮古市の間にまたがる立丸峠にも、似たようなのが出ますよ」

きらいなたべもの

前田さんには子供の頃、嫌いな食べ物があった。
ピーマンやニンジンのような、ありふれたものではない。
余りの意外さに、思わず聞き返したほどのモノである。
理由を問うた私に、彼女はこんな話をしてくれた。

小学校へ入るか入らないかぐらいのことだと思うんだけど。
実家の自分の部屋で、寝てた訳。
そしたら金縛りに遭って。
あれって、ホントに全然動けなくなるのね。指一本、無理だった。
で、何とか動こうとして、もがいてるとね。
モスッモスッ、って押されるの。布団を。
それから、何か重たいカタマリが、ずるり、ずるりと這い上がってくる感覚があって。
ううん、布団の上じゃなくて、布団と身体の間っていうか。

お腹に乗られると、息をするのも苦しくなるぐらい重たくて。
目を瞑ってよう、と思うけど。どうしても見ちゃうじゃん？
徐々に近付いてくるそれから、顔をそむけることもできずに。
ただ、じいっと、待ってるしかないの。
そうしてね。とうとう出てきたの。
胸のところから。布団を押し上げるようにして。
それがホントにね。
白くて、のぺっと丸くて、柔らかくて、ひと抱えほどもあって、
——モチのようであったという。
だから前田さんは、子供の頃、餅が嫌いで仕方なかったそうだ。

論争

起床時から、右手首に鈍い痛みを感じ、五指にも微かな痺れがあった。

以前何かの病気に掛かったときに病院が処方した鎮痛剤があったので、それを飲んでから出社した。

パソコンで何か文字を打つにも、通常の五倍は時間が掛かり、頻繁に鳴る内線電話を左手で受けるのはどうにも慣れない。

酷いストレスを感じる一日であったせいか、サービス残業を終えて帰社する頃には、すっかりへとへとになっていた。

痛みと痺れは増すことも減ることもなく、就寝時も朝と全く同じ具合だった。

明日も同じ状態だったら、会社を休んで病院に行こう。


ああ。

生ぬるいものが右手に絡み付いている。

夢か真か。

左手で右手をまさぐると、まとわりつく何かを掴んだ。

夢じゃない。

何かをひっぺがし、室内灯を点ける。

左手で握っているのは、小さな白蛇。

うねうねと動いているが、噛みついたり左腕に絡みついたりしようとはしていないようだ。

チロチロと舌を出す様子は、何とも可愛らしくもある。

しかし、幾ら田舎とはいえ、蛇が部屋の中にいることなんてあるのかな。

いや、ないだろ。

と思う間に蛇は手中から消えていた。


後日、友人たちにその話をすると「白蛇は善いもんだ」「いや、悪いもんだ」と議論が勃発した。

痛みや痺れがあったんだから、悪い。

いや、痛みも痺れもその日のうちに取れたんだから、善い。

うるせーな、と思った。

霜月の夜に

さらさらと、小川の流れるが如くであった。
気付いた慶子さんが上を向いた。九つ上の次姉もそうした。
その更に三歳上の長姉も同じことをした。
一転、静寂が場を支配する。
声がしたよね。三人の声が揃った。三人揃って頷《うなず》いた。

この建物内に、慶子さんたち三姉妹の他に人はいない。
隣で母が眠っているが、その母は棺の中である。
突如この世を去った母の、今夜は仮通夜なのだ。
百人は入ろうかという広い会場であるが、家族葬用の施設である。
当然、他人は入ってこられない。
それなのに。
線香番の傍らで三姉妹が話し始めると、待っていたかのように天井から声がする。

内容までは聞き取れないが、老若男女入り混じっているようだ。

さらさらさら。ざわざわざわ。

天井から降ってくる声が、ぽつんと残された三姉妹を包み込む。

三姉妹がハッと顔を上げると、気付かれたと言わんばかりにすっと声が小さくなる。

何度も何度も繰り返す。あたかも、寄せては返すさざ波のようであった。

不思議と、怖いとは思わなかった。

母を亡くした喪失感のほうが大きかったからかもしれない。

母を取り囲んで、同窓会でもしているようであったと慶子さんは語った。

慶子さんは当時十七歳。十一月にしては暖かい、ある夜の出来事であった。

やってくるもの

それは夏になると、必ずやってきた。
お盆を挟んだ一定の期間、毎日のように。
勝手知ったる我が家、とでも言うのであろうか。
どこから来るのか知らないが、気付いたときには縁側から入り込んでいる。
居間を抜け、かつてその家の主人が過ごしていた書斎へと向かうのだ。
そして、いつの間にか姿を消している。
細長く、けれども隆々とした胸部を持った胴体。
見る者に警戒を促すかのような、黒地に黄色の横縞模様。
力強く動かされる、四枚の翅《はね》。
オニヤンマである。
どこからともなく飛来したオニヤンマが、家の中を飛ぶ。
主人が旅立ってから、毎年毎年やってくるのだ。
そこで一人暮らす未亡人だけでなく、家族皆がそれを見た。

およそ二十年に及ぶ、恒例行事になったという。

時代は下り、彼女は転居した。
年老いた身に、大きな一軒家はどうにも暮らし難いからである。
あのオニヤンマはどうなるのだろう。そう思った者もいた。
けれども。

引っ越しからしばらく経ったある日。
玄関前に、一匹のオニヤンマがいた。
私は幸せよ。
彼女は語りかけるように独りごちた。

それ以来、オニヤンマを見た者はいない。
私の同僚、金木から聞いた話である。

畑

清本拓郎は青森県黒石市で生まれた。両親は青森市で働いており、小さい頃はよく祖母に預けられていた。祖母は時々知人の林檎農家の手伝いをしており、そんな折は畑まで連れて行ってもらった。

子供の身体にとって畑の面積は宇宙ほど広く感じられ、木の傍にいる祖母からなるべく離れないように、小石や枝を拾って遊んだ。

祖母は口数が少なく、何かをねだるとそのほとんどに応じてくれた。もっともまだ小学校にも上がっていない子供がねだるものなどたかが知れている。駄菓子、果物、ちょっとした玩具が手に入ればそれで満足だった。

老舗が立ち並ぶこみせ通りの活気と畑、優しい祖母。拓郎に両親に対しての親しみがない訳ではないが、小さい頃の記憶といえばそれらが主になる。

祖母は酷い風邪をこじらせ、そのまま肺炎で亡くなった。

八十を超えていたので、老衰と呼んでもいいのだが、小さな頃はそれが分からなかった。

親族が骨を拾っている間は飴玉を舐めていたものだが、いつしか祖母にもう会えないことが分かってくると、目尻が切れて血が垂れるほど泣いた。

葬儀の一連が終わっても、三日ほど両親が傍にいてくれた。

ハンバーグやナポリタンをレストランへ食べに行き、大きなロボットのプラモデルを買ってもらった。

保育園に行くようになった。

毎朝、母が運転する車の中で拓郎が無言だったのは、保育園が嫌いだったからだ。

保育園ではほとんどの園児が最年少の組から一緒だったのだが、拓郎だけが途中入園だったためどうにも馴染めないでいたのだ。

ばっちゃ《婆ちゃん》と一緒にいたほうが面白いじゃ。

ずっとそんな気持ちでいた。

そして、その気持ちが爆発した日があった。

「今日、保育園行きたくない……」

起きがけに泣きじゃくりながら母にそう伝えた。

「行がねばまいねよ《行かなきゃ駄目よ》。具合悪いわげでもないんだべ？《具合が悪い訳ではないんでしょ？》」

「行きたくない……行きたくないの」

「休むが？」

「……うん」

罪悪感はあったが、休めると知りほっとした。

母は勤め先に電話をし、「息子に熱がある」と告げた。


昼食後、母と散歩をした。

道すがら畑が見えると祖母のことを思い出した。

黙って畑に歩みを進めると、手を繋いだ母も同じ方向に向いてくれた。

思い出の場所、と言うには、どの木も同じように見え、祖母と一緒にいた地点の当たりが付かなかった。

そもそも周囲には多くの畑があるため、祖母とどの畑に行っていたかなんて分かってもいない。ただ「畑」というものに惹かれているに過ぎなかったが、そのときはそれで良かった。

祖母との思い出が拓郎を動かしていた。

畑に入り枝を拾って投げたり、地面を見て虫を探したりした。

たまに振り返ると自分を見つめる母の姿があった。

しばらくそのまま遊び、飽きた頃に母の横へ行き手を握った。

畑から車道に出て、何となく二人で振り返った。

祖母が畑の中に立っていた。

「……おかあさん」

と小さな声で母が言い。

「ばっちゃだぁ……」

と拓郎は言った。

親子が顔を見合わせ、もう一度畑を見ると、祖母の姿はなかった。

奈良の青森県民

私は二十代の頃、京都で暮らしていた。

元々は某私立大学に通うために京都へ引っ越した訳だが、どうにもキャンパスの雰囲気に馴染めず、数年で中退した。

在学中から勤めていたコンビニのバイトを辞め、幾つかの日雇い、週払いの人材派遣会社に登録し、時に働いたり、時にぼんやりと過ごしていた。

奈良県の染物工場に派遣されたのは随分とお金に困っていた時期のことだった。

京都奈良間を電車で移動した後、夜勤で約九時間拘束されるのはなかなかに苦痛であった。電車の時間が出退勤時間と全く合わず、実際は移動時間も含めて十二時間以上拘束されている。駅から工場まで二十分ほど掛かり、大型トラックなどがびゅんびゅん走る山間の道路の狭い路側帯を頼りにとぼとぼ歩くのは、心に相当のダメージを負ったものである。

工場ではしばらくの間、桶洗いの作業をしていた。

クライアントに頼まれた色味を出すために、様々な染料を調合する訳だが、「調合」という言葉が持つ繊細なイメージと裏腹に、だだっ広い作業場に並んだ染料が入ったバケツをあっちこっちへ持って行き、必要な染料を必要な分混ぜては、中途半端に染料が入ったバケツが次々と出現するてんやわんやの職場だった。

三百六十五日工場に休みはなく、バケツが足りなくならないように、機械を使って、二十四時間とにかく洗いまくらねばならないのだ。

良い加減、その仕事にうんざりしていた頃、部署が異動になった。

今度は長さ三十メートル、高さ五メートルほどの繊維に色柄を入れる機械から出てくる反物をリヤカーに乗せる仕事だった。

乗せる、と言っても反物の出口にリヤカーを置いておけば、自然と蛇腹に重なっていくようになっていて、主な仕事は試験用に反物の一部を千切ることと、色柄が変わった瞬間を逃さず、リヤカーを変えることである。楽ではあったが、稀に反物がうまく蛇腹状にならず、歪な積まれ方になってしまうため、じっと反物を見つめていなくてはならない。見慣れない機械から、パンダやキリン柄の色とりどりの反物が吐き出されていくのをじっと見ていると、いつしか気が滅入ってくるものだった。

機械は大きく、作業自体も最終工程に近い割には、反物の入り口に社員が一人、出口に日給手取り七千円弱のアルバイトが一人という、資本主義の難しさを伝える布陣だ。

一時間の休憩があり、工場には広く小汚い社員食堂があったので、コンビニのパンを少し摘んだ後は、いつもそこのテーブルに突っ伏して休んだ。

その日もそうしていると、「すみません」と声を掛けられ、驚いて顔を上げたのだった。

話しかけてきたのは私が機械のほうへ移動した後に、桶洗いとして派遣された若者だった。桶洗い担当者は、飛び散った塗料で衣服が著しく汚れるため一目でそうと分かるのだ。

「ああ。お疲れ様です」

私は驚きつつ、なるべく明るい声色で挨拶をした。知らない人と話すのは嫌いではない。

「あの、〇〇さん（人材派遣会社の社員の名前）から聞いだんですけど、高田さん、青森出身だんすよね」

私は聞き馴染みのあるイントネーションにすっかり嬉しくなり、

「んだんだ。おら、弘前だんず《弘前なんだよ》さ」

と返した。

「奇遇ですよね。関西さ青森の人いるの珍しいのに、こったどこでね《こんな所でね》」

「んだね。こったごともあるんだね」

桶洗いの後釜の名はノリヒロといい、工場の近くに住んでいるとのことだった。聞くと彼の実家は青森県平川市だった。

奈良に移住した理由は「関西だったらどこでも良いから引っ越して生活してみたい」という至ってシンプルな理由で、家賃の安さで滋賀と迷ったが、修学旅行の記憶がある分若干の親しみを感じた奈良に軍配が上がったのだそうだ。

以降。ノリヒロとは休憩のたびに細やかな交流をした。

趣味の類がないようで、話をしていてももうひとつピンとこないキャラクターではあったが、年下だったこともあり、私はどこか可愛げのようなものを感じながら話し相手をしていた。

「高田さん、一人暮らしって何かおっかねぐねえっすか?」

その言葉が出たのは確か、近所に使い勝手の良いスーパーマーケットや商店があるか、という話をしているときのことだった。

「いや、おらは怖いと思ったこどはないよ」

「んですか。おらは何がまいねんすよ」

当時私はまだ怪談作家としてデビューしておらず、この会話は「取材」に該当するものではなく、あくまで「お喋り」の一環だった。

「高田さんは霊感みたいなのってあります?　おらは青森の実家で、よぐ出たことあって。

基本的にそういうのは信じでるんすよ」

「出たってば？　バケモンが？」

「うーん……バケモンっすね」

こうして「よぐ出た」話が始まる。


小学五年生の頃のある日、ノリヒロは母が支度している夕飯を待ちながら、父と居間でテレビを見ていた。

放映されていたのは二時間のバラエティ番組で、親子で大いに笑いながら楽しんでいた。

が、突然テレビが消えた。

父がゆっくりとリモコンに手を伸ばし、テレビに向けてボタンを何度か押したが、反応がない。主電源を押してもみたが、やはり点かない。

父は不服そうに、ちっ、と舌打ちした。

ノリヒロは自分が何か口出しすると余計に父の機嫌を損ねるだろうと、黙っていた。

「まんだ消えたじゃあ」

父は台所の母に向かってそう叫んだ。

まんだ、と言うからには過去にも消えているようだが、ノリヒロに覚えはない。

「最近、家のなが、おがしぐねえが?」

父は続けて母にそう言った。

「ねえ。そうねえ」

母はそう返事をしながら、コンロのつまみを捻っていた。

なかなか着火プラグがうまく作動していないようで、カチカチ、カチカチカチカチカチと何度もプラグの音が鳴った。

ノリヒロが事の次第を窺っていると、バンッ、と乱暴な音が台所から響き「わっ」と母の声がした。

興味が湧いたので台所の母の元へ駆け寄ると、母が開け放された冷蔵庫をコンロの前からぼんやりと見ている。

「ノリちゃん見て……。冷蔵庫、勝手に開いた。変だねえ……」

母は我が子を怖がらせまいとしてか、妙に間延びした口調でそう言った。

「勝手に開いたの?　えええ?」

ノリヒロは戯けた調子でそう返した。誰も触っていないのに冷蔵庫が開いた、ということなのだろうが、それ自体に余り不思議を感じなかった。原因は分からないが、そういうこともあるのではないか、と思った。

母は冷蔵庫に近付き、中にしっかり入りきっていないまま、ドアを押しているものがないかを確かめたが、該当するものが見当たらなかったらしく、首を傾げながら扉を閉めた。

すると誰もつまみを触っていないのにカチカチカチと音が鳴り、コンロの火が点いた。

母はまた「わっ」と声を出した。

聞き馴染みのあるタレントの声が居間から聞こえ、テレビの電源が直ったことが分かった。

休憩時間が終わり、また銘々の職場に戻った。ノリヒロの体験談は、地味ではあったがいかにも本当に起こりそうに聞こえ、楽しめた。

何か現実的な理由があり、偶然が重なっただけのことだったとしても、それはそれで面白いエピソードだ。ノリヒロは「他にも色々あるんで……また今度にでも」と照れ臭そうに言っていた。正直、貴重な休憩時間をノリヒロに奪われてしまうのは本望ではなかったが、つまらない会話をするくらいなら、こういったもののほうがまだ良いのだ。

ノリヒロが言うには、母方の家系が強いのだそうだ。

遠縁の親戚に占い師のようなことをやっている女性がいるとのことで、私が「カミサマ？」と訊いたところ、「そう呼ばれることもあるらしい」という旨の返答があった。

ノリヒロの母ミチコは結婚前にこんな体験をしたことがあるのだそうだ。

当時ミチコさんは農業を営む実家の手伝いをしながら、小さなスーパーマーケットのレジ打ちのアルバイトをしていた。

今のような「郊外型」の景色が生まれる前は、小さなスーパーでもなかなかに忙しい。午前中は昼食の素材を、午後は夕食の素材を求めて近隣の住民がひっきりなしに来る。

顔馴染みになって挨拶をするようになる客もいれば、小中高の同級生や家族との付き合いがある客もいる。レジを待つ客がいないようなら井戸端会議に花を咲かせることもある。バーコードの付いていない商品を少し値切ってあげても角が立たなかったのも、そんな時代だったからだ。

どこかで見た夫婦が商品を持ってレジに来て、「あら、こんにちは」と挨拶をしてきた。

「こんにちは」と返事をしてはみたものの、誰だか思い出せない。

するとミチコの心中を察してか「高尾のおばちゃんだよ」と女性は自分の顎に指を指して自己紹介をした。

だが、ミチコはその紹介だけではまだ思い出せない。

「元気してらの？」

「……うん。今だば畑暇だはんで、バイトばっかだ」

「んだが。元気だばいいじゃなの」

亭主は黙って妻の傍に立っている。二人とも頬を緩めているし、双方ともやはり見たことがある顔ではある。

会計の十の位をゼロにして「へば、まだ」と別れの挨拶をした。

自分より遥かに年上であることと、口調から自分のことを小さいときから知っているような印象を受けたことから、恐らくは両親が付き合いのある夫婦だろうと解釈した。

家に帰ってから母に「高尾さん、って知ってる?」と夫婦の風貌を説明しつつ訊ねた。

「ああ。高尾商店の娘さん。昔、よく家にも畑の薬剤持ってきたじゃな」

その説明でパッと霧が晴れたように夫婦のことを思い出した。

お年玉を貰ったこともあれば、亭主が父と食卓で酒を呑んでいる姿を見たこともあるが、ほとんどの記憶が小さな頃のことに集中しているため、すっかり顔を忘れていたようだ。

「しかし、男の人はそい、ほんとに旦那さんが?」

「うん。夫婦で来てあったよ」

「旦那さん、もう亡くなってらね。癌さなってや」

と言われた。人違いだったか。

いや、間違いないはずだ。

母は考え込むミチコを見て、何かを思ったらしく、
「おめ、まんだ神がかっちゃあな」
と言った。

ノリヒロはこの話に続けて、母が小さい頃によく何か大人に見えないものを見ていたこと、親戚の「カミサマ」も母に素養を見出していたことなどを私に伝えた。

母方の一族が強い、というエピソードは他にも幾つかあったが、声を聞く、気配を感じるなどのものがほとんどで、少しありきたりな印象を受けたせいか記憶に薄い。

ノリヒロは私が「うんうん」と聞く姿を目にして気をよくしていたのだろう、「今度またそういうの思い出したら話しますね」とよく言っていた。

だが、ある日からパタっと休憩場所で会うことがなくなり、代わりに違う若者が塗料で汚れた服を着てコンビニ弁当を食す姿があった。

まさか後に自分が怪談作家になるとは思っていなかった私は、少しは寂しい気持ちを抱いたものの、これでゆっくり休憩ができると安心もした。

今になってノリヒロの「高田さん、一人暮らしって何かおっかねぐねえっすか?」とい

う言葉が気に掛かる。
今の自分なら、もっと話を聞く時間を作っていただろうに。
生活が厳しかったため、余り心に余裕を持てない時期だった。
そこから数年のうちに人材派遣会社は次々と潰れていった。

ほんの少しの大事な思い出

ぶとぶと、と雨が降っていた。

母が作った昼食を平らげた晃司は自室で横になり、今にも午睡《ひるね》の時間に入りそうだった。

隣の居間では両親がテレビを見ながら、何か他愛のない言い合いをしていた。

今、高校では賑やかな昼休みの時間だろうか。

長らく登校していないので、時間割がどんなだったかも覚えていない。

晃司はある日、ふと、疲れたのだった。

朝起きることを止め、家族との対話もできるだけ避けるようにした。

たったそれだけで今の生活を始めることができた。

友達のような人たちから、心配の電話がぽつぽつあった。

「ちょっと具合悪くて」と言っておけばいつか対話は終わる。

本当に、ちょっと具合が悪かった、のだから嘘は吐いていない。

本当のことも言っていないのだが。

本当のことを言っても、他人には分からないだろうし、そもそも本当のことをどう言葉で伝えたら良いのかも分からない。

病院に行けば何かしらの診断は下されるのだろう。もっとも、不便を感じていないため病院に行く理由もない。重い心に不便は感じないし、永遠にこうやって生きていてもいい。

疲れてはいるが、生きる気はある。

いつか、今の自分ではない自分が目を覚ますはずだ。

電話の音が鳴り、父の無闇に大きな「もしもし」という声が響いた。

農家は雨の影響で休日。夏はそんな日が多く、家が喧《かまびす》しい。

「晃司」

ドア越しに母が呼ぶ。

「……ん」

「林のおじちゃん、死んだって」

「んー」

心がまた重くなるのを感じた。

本当のことはどう伝えればいいんだろう。

何でこうなっちゃったんだろう。

油断しているとこうやって耐え難い今日がやってくる。

晃司は強く瞼を閉じた。

林信雄。

通称、林のおじちゃん。

「休め休め。おらも学校なんかロクに行ってねえから。世に出たら学校で学んだことなんて、何にもなんねえことばがりだ」

林のおじちゃんはよくそんなことを言って笑っていた。

腫れ物を触るように息子と接する両親と全く違うその応対は、晃司の心をほんの少しだけ軽くする。小さな頃から好ましく思っていたが、休学してからは積極的に会いたい人の一人だった。

通夜や葬式がこれからあるのだろうが、きっと自分は参加できない。

もう外には出たくないのだ。

そんなことを考えていると、涙がぽろぽろと零れた。

昔から泣くことは滅多になかった。休学中も一度も涙が出たことがなく、きっともうしばらくは泣けないのだろうと思っていた。笑うことは時々ある。ネットサーフィンをしているとたまに笑うことがある。笑ったからと言って、何ということもないのだが。

涙を拭わずに横になった。

そして、そのまま寝た。

次に目を覚ましたのは、深夜だった。

居間と廊下の電気が消えているところを見ると、もう両親は寝ているのだろう。

小腹が空いたので、一階に下りて冷蔵庫からサンドイッチを取り出して食べた。

誰もが寝静まっている夜は少しだけ心が軽くなる。

とんとん、と階段を下りる音が聞こえ、ダイニングのドアが開くと母が眠そうな顔で現れた。

「あんたさ」

「……うん」

「火葬だけでも来たら？」

「……うん」

火葬の日、晃司は母に幾ら呼ばれても布団から出ることができなかった。

しょうがないわねえ、と母は諦め、父と外に出た。

外から玄関の鍵を掛ける音が妙に大きく聞こえた。

また、涙が溢れた。

何かが変わることを期待していた訳ではないが、ほんの少しの大事なこともできない自分を見せつけられた気がした。

「……おじさん。……うう。……おじさん」

そんな声を出して、泣いた。

と、急に部屋のドアが開いた。

晃司は床に敷いた布団の上で横たわったまま、瞬時に身体を硬直させた。

「おっ」と言いながら開いたドアから顔を覗かせたのは。

顔を覗かせたのは……。

「あら、あんた来たの？」

「うん……」

「骨、拾う？」

「うん」

林のおじさんは、晃司の顔を見て微笑んだ。
そして、晃司の手を握って引っ張った。
横になっていた身体は自然と起こされ、晃司は「行かなきゃ」と思った。
服を着替えている間に林のおじさんは、部屋から出ていった。
出ていきしな、一度だけ振り返ったその顔は、まだ笑っていた。
たったそれだけのことなのだが、それはそれとして。
晃司の中ではとても不思議で、大事な大事な思い出なのである。

あとがき

高野真《コウヤマコト》です。

「怪」を巡る旅にお付き合いいただき、ありがとうございました。

高田公太先生と同行二人、無事に旅を終えられたことを嬉しく思います。


今回の旅は、コロナ禍の中で進められました。外出自体が憚《はばか》られるようになり、人との交流が目に見えて減りました。私が囃子方に加入する青森ねぶた祭も中止されました。

しかし、そんな中でも取材に御協力いただいた方々に心から感謝申し上げます。

お店に体験談募集のフライヤーを設置してくださった方。SNS上で話を提供してくださったり、やり取りに応じてくださった方。隣の席から急に話しかけた変な奴に、気さくに応じて体験談を披露してくださった方。そして、こんな御時世ながら面会取材させてくださった方。本当にありがとうございました。


取材をする中で、「これまで他人には話せなかったのですが」「誰にも信じてもらえなかったのですが」といった前置きから始まる話に幾つも出会いました。

こうした話は本来であれば、体験者の記憶の中に埋もれたまま、やがて消滅する運命にあります。しかし、怖い話や不思議な話であっても、御当地の記憶として、民族の記憶として、後世に伝えるために書き残していきたいという思いで筆を執りました。大げさな、と笑われるかもしれませんが、それが偽らざる私の思いです。

また、私に実話怪談への道を開いてくださった高田先生、出版の話をお声掛けいただき監修と叱咤激励を頂戴した加藤先生、一冊の本を作り上げてくださった竹書房の皆様にも御礼を申し上げます。ありがとうございました。

機会があれば、また旅に出たいと思っております。巡礼先は東北とは限りません。読者の皆様から体験談をお寄せいただければ、喜んで取材させていただきます。

最後に僭越《せんえつ》ながら、私が愛してやまない太宰治の手による、小説『津軽』の末文でこの文章を締め括らせていただきます。

さらば読者よ、命あらばまた他日。元気で行かう。絶望するな。では、失敬。

高野 真

高野君、私と娘

後書きを読んでいるからには、あなたは本編を読み終わっているのでしょう。

高野真君のデビュー作はいかがだったでしょうか。

まずは簡明に高野君と私の関わりについて、書きたいと思う。それが肝心だと思うのだ。

二〇一九年、私が所属する怪談愛好家団体「弘前乃怪」が主催する怪談会に、高野君が参加した。その日、どんな話をしたのかはまったく覚えていないが、ごくごく小規模な怪談会であるのに拘わらず、わざわざ仙台から夫婦で来ていたということが、記憶に残った。

その後、高野君は弘前乃怪が主催、サポートする怪談会のほとんど全てに参加した。夫婦でだ。聞くと、奥方もそういったことが嫌いではないのだそうだ。これには驚きました。

そんなわけで、会の後の打ち上げなどで高野君と交流を深めることになった。そして、彼が日本文学、地理、歴史に明るいということが何となくは分かったのだが、何度会話をしても、今となってはどんな話をしていたか、余り記憶に残っていないのです。

とはいえ、宮城からわざわざ来ている、奥方が美人、オカルトに限らず色々と詳しいという事柄から総じて、珍しい男だな、というインパクトは残った。そんなわけで、私が「君も怪談を書いてみないか」と声を掛けるに至ったのだ。

デビュー時とコロナ禍が重なったことと、昨今の怪談ブームの追い風の恩恵か随分と出版までの進行が早かったこともあって、高野君も苦労したであろうことが想像されるが、こうやって本が出たからには流石なものです。

さて、高野君のことに紙幅を割きすぎました。ここからは綺麗さっぱりに高野君のことを忘れてください。

私の娘が大分大きくなった。来年には小学三年生である。彼女はユーチューブなどで怖い話の動画をよく楽しみ、あまつさえ「あたし、怖いの大好き」と露骨にアピールしさえするのです。ちょっとずつ「自分の父親はシメキリというものに追われる、危険な職業らしい」ということを理解してきたようで、今までのように私が執筆している横で「パパとマインクラフトしたい」と号泣するようなこともなくなってきています。

では、またどこかで。

二〇二〇年の夏の終わりに

高田公太

東北巡霊 怪の細道

2020年10月5日　初版第1刷発行

著　高田公太、高野 真

監修　加藤 一
カバー　橋元浩明（sowhat.Inc）
発行人　後藤明信
発行所　株式会社　竹書房
〒102-0072　東京都千代田区飯田橋2-7-3
電話 03-3264-1576（代表）
電話 03-3234-6208（編集）
http://www.takeshobo.co.jp
印刷所　中央精版印刷株式会社

定価はカバーに表示しています。
落丁・乱丁本は当社までお問い合わせ下さい。

ISBN978-4-8019-2408-6 C0193